칸트
수업

칸트 수업

김선욱 지음

21세기북스

자주, 그리고 오래 숙고할수록,
늘 새롭고 커지는 경탄과 경외로
마음을 가득 채우는 두 가지가 있다.
그것은 내 위의 별이 총총한 하늘과
내 안의 도덕법칙이다.

프롤로그

칸트
수업으로의
초대

전 세계 철학회를 아우르는 조직인 국제철학연맹의 운영위원회가 2025년 2월에 아랍에미리트의 공국 가운데 하나인 푸자이라에 위치한 철학의 집$^{Philosophy\ House}$에서 개최되었다. 이 모임은 2024년 8월에 이탈리아 로마에서 열린 제25회 세계철학대회에서 선출된 운영위원들과 그 이후에 선출된 회장단이 처음 모이는 의미 있는 자리였다. 그 순서 중 하나로 열린 강연에서 수십 년간 학회의 회계 살림을 맡아 온 스위스의 원로학자 게르하르트 젤$^{Gerhard\ Seel}$ 교수가 발표 끝에 다음과 같은 말을 했다.

"철학의 쓸모는 가장 쓸모없는 것을 연구하는 데 있

다."

이 말은 내가 아주 재미있게 보았던 드라마 〈미스터 션샤인〉의 한 대사를 곧바로 떠올리게 했다. 변요한씨가 연기한 김희성이 한 말이었다.

"내 원체 아름답고 무용한 것들을 좋아하오. 달, 꽃, 별, 웃음, 농담, 이런 것들."

철학의 유용성을 묻는다면, 우리는 흔히 철학은 쓸모를 위한 학문이 아니라고 답한다. 그럼에도 이 칸트 수업을 시작하는 순간에 '철학의 쓸모'라는 개념을 새겨보게 되었다. 그 이유는 출판사의 요청에 따라 이루어진 '칸트의 쓸모'라는 연속 강의가 이 책의 시작점이었기 때문이다.

사실 '쓸모'라는 말은 철학자들이 사용을 꺼려하는 단어다. 쓸모란 '사용 가치'를 뜻한다. 사용 가치란 어떤 사물이 도구로 활용되어 목적에 맞게 쓰임으로써 그 가치를 다한다는 의미다.

철학은 본래 그런 쓸모를 목적으로 하는 학문이 아니다. 인문학 전반이 그러하듯, 특히 철학은 그 자체가 목적이라고 할 수 있으며, 다른 무엇을 위한 수단이 되거나 특정한 목적에 복무하기 위한 학문이 아니다. 철학은 쓸모없는 것들을 위한 것이며, 철학함이란 쓸모없는 행위처럼 보이기 십상이다. 철학함이란, 말하자면 궁극을 향한 실천이다. 철학은 그런 사용 가치의 관점에서는 '쓸모없음을 향한 분투'라고 할 수도 있다.

철학은 새로운 생각의 세계를 여는 학문이다. 새로운 사유는 새로운 개념을 통해 가능해진다. 철학을 이렇게 정의할 수 있다면, 칸트는 그런 의미에서 최고의 기회를 던져주는 사상가다. 그를 공부하는 일은 가장 큰 쓸모가 있는 일이라는 말이다.

이 책은 2024년에 온라인으로 네 차례에 걸쳐 진행한 강의를 바탕으로 구성되었다. 2024년은 칸트 탄생 300주년이 되는 해였다. 그런 해에 감히 칸트에 대한 강의 기획을 수락했던 것은, 결코 내가 칸트 전문가라고 생각해서가 아니었다. 나는 칸트 철학을 전문적으로 연구한 학자는 아니다.

그럼에도 칸트 강의를 맡고 나아가 이 책을 저술하게 된 이유는 칸트가 내 학문적 여정의 시작부터 지금까지 줄곧 나의 동반자였기 때문이다. 내 지적 여정의 동반자 역할을 해온 칸트 철학을 나름대로 정리해 보고 싶은 마음도 있었고, 또 바로 이런 시각에서 쓴 글이 철학을 전공하지 않은 대중들에게 도움이 될 수도 있겠다는 기대도 있었다. 그래서 나는 독자들이 이 책을 통해 칸트를 자신의 삶과 사유에 의미 있는 친구로 만나게 되기를 간절히 바란다. 내게 칸트는 그런 존재다.

이 책의 1부에서는 칸트의 인식론을 바탕으로 지식이 어떻게 구성되는지를 살펴본다. 2부는 칸트 철학의 핵심인 도덕철학을 통해 '어떻게 살아야 하는가'에 대해 탐구하고, 3부에서는 논의를 확장해 '인간 존엄'에 관한 칸트의 사상을 다룬다. 4부에서는 미학과 정치철학의 관점에서, 우리 시대 정치철학의 열쇠가 어디에 있는지를 함께 모색해 보고자 한다. 나는 여기에 온라인 강의에 없던 5부를 덧붙였다. 5부에서는 칸트의 사상이 현대 정치철학의 한 주제인 세계시민주의 논의에서 어떻게 살아 움직이는지를 보여준다. 이는 칸트의 영향력에 대해 내 나름대로 구성한 하나의 예증이다.

나에게 학문적으로 가장 영향을 준 분은 고㈜ 조가경 교수님이다. 조가경 교수님께도 칸트는 삶의 동반자였던 것 같다. 교수님께서 돌아가시기 몇 해 전인 2017년 가을, 미국 뉴욕주 버펄로의 자택을 방문해 며칠을 머물며 그분의 삶과 사유를 듣고 나눌 기회가 있었다. 그 방문이 교수님을 뵌 마지막 순간이었다.

하루는 교수님의 대학 연구실에 함께 들렀는데, 문을 열고 불을 켜자 정면 벽에 금박으로 장식된 칸트의 초상화가 걸려 있었다. 그 앞에 잠시 서 계시던 교수님은 갑자기 독일어로 무엇인가 한참을 암송하셨다.

하늘에는 빛나는 별, 내 마음에는 빛나는 도덕률… 자주, 그리고 오래 숙고할수록, 늘 새롭고 커지는 경탄과 경외로 마음을 가득 채우는 두 가지가 있다. 그것은 내 위의 별이 총총한 하늘과, 내 안의 도덕법칙이다…[1]

암송이 끝난 뒤, 교수님은 암송하신 독일어 구절이 칸트 『실천이성비판』 결론의 첫 단락임을 알려주셨다. 얼마 전까지만 해도 그 결론 전체를 독일어로 암송하실 수 있었노라고 하셨다.

2025년 여름에 나는 정년 퇴임을 했다. 이 프롤로그를 쓰면서 2003년 조가경 선생님을 뵈었던 일이 떠올랐다. 선생님은 1927년생으로 그때 연세가 76세였다. 지금의 나보다 열 살 더 많으셨다. 안부를 여쭌 뒤 이런 대화가 오갔다.

"선생님, 요즘 건강은 어떠세요?"

"어제 병원에 다녀왔어. 요즘 심장이 좀 심하게 뛰어서 말이지. 의사가 밤엔 커피를 삼가라고 하더군."

"밤에도 커피를 드세요?"

"자네도 알다시피 난 초저녁잠이 많잖아. 그래서 밤 11시쯤이면 졸음이 쏟아져. 그럴 땐 부엌에 내려가 가루 커피를 한 티스푼 떠서 입에 털어 넣고, 침으로 녹여 조금씩 삼켜. 그러면 잠이 싹 달아나서 다시 공부할 수 있지. 그 얘기를 의사에게 했더니 당장 그만두라고 하더군."

그때의 선생님보다 젊은 지금의 내가 은퇴했다고 해서 '이제 한가하게 지내겠다'고 말할 수는 없을 것 같다. 이 원고를 쓰기 전, 밤 11시에 따뜻한 커피에 우유를 섞어 한 잔 마셨다.

선생님은 2022년, 향년 95세로 별세하셨다. 칸트는 80세까지 살았다. 삶의 끝에서 "좋다"고 말한 칸트의 마지막 한마디가 자기 인생에 대한 만족인지, 아니면 마지막으로 삼킨 포도주의 맛에 대한 것인지는 알 수 없다. 하지만 평생을 성실히, '쓸모없는 철학'을 향한 열정으로 살아간 칸트와 조가경 선생님의 모습은 내 눈엔 아름답기 그지없다. 달, 꽃, 별, 웃음, 농담, 이런 것들처럼 말이다.

이제 여러분들을 칸트 수업으로 초대한다.

차례

프롤로그 칸트 수업으로의 초대 ——— 006

1 어떻게 지식이 만들어지는가
칸트의 인식론

01 칸트는 누구인가 ——— 019
02 비판이란 무엇인가 ——— 032
03 우리는 '있는 그대로'를 알고 있는가 ——— 048
04 신의 존재를 증명할 수 있는가 ——— 064

2 어떻게 살아야 하는가
칸트의 도덕철학

01 인간은 왜 존엄한가 ——— 077
02 행복한 삶과 옳은 삶 ——— 089
03 도덕법칙은 어떻게 발견되는가 ——— 103
04 인간은 어떻게 도덕적일 수 있는가 ——— 119

3 계몽에서 세계시민으로

휴머니즘의 철학

01 인간에 대한 용기 있는 질문들 ——— 139
02 지성을 사용할 용기 ——— 146
03 우리는 지금 계몽된 시대에 살고 있는가 ——— 160
04 계몽의 실패 혹은 미완성 ——— 172

4 미학과 정치

미학과 정치철학

01 보편주의의 운명은 어디로 향하는가 ——— 183
02 판단은 어떻게 이루어지는가 ——— 192
03 미학은 얼마나 정치철학적인가 ——— 205
04 세계시민으로의 확장은 가능한가 ——— 219

5 덧붙임
글로벌 시민으로 생각하기

민족과 시민과 글로벌 시민의식

01 세계시민이란 무엇인가 ──── 227
02 민족, 부족 그리고 시민 ──── 240
03 글로벌 시민의식과 연대 ──── 248
04 성장을 위한 교육과 실천 ──── 257

에필로그 독백을 넘어 대화로 ──── 265
주요 키워드 ──── 271
주석 ──── 274

어떻게 지식이 만들어지는가

칸트의 인식론

1

인간의 지식은 자아의 영역에 국한되어 있으며,
우리는 그 제한에서 벗어날 수 없다.
우리의 지식은 경험 세계에 한정되며,
자아는 오직 인식 능력을 통해 경험한 자료를
조직하는 방식으로만 작용한다.
감성과 오성을 통해 형성되는 우리의 지식은
자아, 우주, 신, 이 세 가지 관념에 규제된다.

칸트는
누구인가

01

칸트, 계몽주의 시대를 살아간 철학자

이마누엘 칸트Immanuel Kant는 독일의 철학자다. 그에 관한 정보는 많은 기록과 자료를 통해 쉽게 접할 수 있다. 인터넷이나 도서, 유튜브에도 그의 삶을 소개하는 콘텐츠가 많아서 누구나 칸트를 검색하면 손쉽게 그의 생애를 만날 수 있다. 그래서 이 책에서는 그의 생애를 자세하게 다루기보다 우리가 철학자로서의 그를 이해하는 데 꼭 필요한 몇 가지 사실들만 간략히 짚고 넘어가고자 한다.

    칸트는 1724년에 태어나 1804년에 세상을 떠났으며,

이른바 '계몽주의 시대'를 살았다. 그는 시간을 아주 엄격하게 지키는 것으로 유명했다. 산책조차도 항상 정해진 시간에 해서 사람들이 그가 거리를 지나가는 모습을 보고 시계를 맞췄다는 이야기가 전해질 정도다. 그렇게 규칙적이고 단정한 생활은 주변 사람들에게 존경을 받기도 했지만, 혹시 칸트에게 아내가 있었다면 아마도 함께 살기에 조금 까다롭지 않았을까 싶기도 하다. 물론 아내뿐 아니라 그 자신에게도 쉬운 일은 아니었을 것이다.

하지만 그는 평생 결혼하지 않았고 일생을 학문에 몰두하며 철저한 생활 습관을 유지했다. 그는 쾨니히스베르크라는 도시를 한 번도 떠나지 않고 그곳에서 평생을 살았다. 그가 세상을 떠났을 때는 도시 전체가 애도의 뜻을 표했다. 그의 명성은 사후에도 독일은 물론 전 세계 수많은 사람에게 영향을 끼쳤으며 오늘날까지 이어지고 있다. 우리는 그를 계몽주의 시대를 살아간 가장 위대한 철학자 가운데 한 사람으로 기억한다.

칸트가 평생을 살았던 쾨니히스베르크는 당시에는 프로이센(프러시아)에 속한 도시였지만, 오늘날에는 러시아 영토로 편입되어 '칼리닌그라드'라는 이름으로 불린다. 칸트의 가계는 스코틀랜드에서 이주한 청교도 출신으로, 그는 어려서부터 엄격하고 경건한 청교도적 분위기에서 자랐다. 지금은 그의 묘소가 있는 도시를 직접 방문하는 일이 쉽지 않지만 여전히 많은 사람이 철학자의 흔적을 따라 그곳으로 여행을 떠난다. 하지만 사회학자 김덕영이 직접 그 도시를 방문하고 남긴 여행기에 따르면 칸트의 도시를 찾아가는 길이 쉽지는 않을 것 같다.[2]

칸트는 1755년, 31세의 나이에 박사 학위를 취득하면서 강사 생활을 시작했다. 시간이 흐른 뒤 그는 미학 교수직을 제안받는다. 하지만 논리학과 형이상학 분야에 더 깊은 관심이 있었던 칸트는 이 제안을 고사한다. 그는 자신이 진정으로 연구하고 싶어 하던 학문에 집중하기 위해 주어진 좋은 기회를 포기했다. 그리고 다시 5년이 지난 1770년, 칸트는 마침내 논리학과 형이상학 교수직을 제안받는다. 당시 그의 나이 46세였다. 그는 이 제안을 수락하고 본격적인 학문 활동의 중심에 서게 된다. 이 에피소드는 그의 핵심 관심사가 어디에 있었는지를 보여줄 뿐 아니라,

그가 자신이 원하는 영역의 연구와 교육을 위해 얼마나 오랜 시간 기다리고 준비해 왔는지를 말해준다.

칸트의 대표 저작, 『순수이성비판』

칸트는 많은 책을 출간했고 많은 글을 남겼다. 그의 저작을 모아 출판한 '아카데미판Akademie-Ausgabe, Academy Edition●' 전집은 총 29권에 이른다. 우리는 우선 칸트의 저작 가운데서도 특히 중요하게 평가되는 '비판기' 저작물에 집중하려 한다. 비판기란, 칸트가 인간의 이성 능력을 점검하면서 본격적으로 철학적 전환을 이룬 시기를 가리킨다. 이 시기의 대표적 저술로는 『순수이성비판』, 『실천이성비판』, 『판단력비판』이 있다. 세 권 모두 제목에 '비판Kritik, critique'이라는 말이 들어가며, 인간의 이성, 실천, 판단 능력을 비판적으

● 두 개의 외국어 표기가 병기된 경우 앞은 독일어, 뒤는 영어다. 우리 사회에서 영어가 많이 통용되므로 이해를 돕기 위한 외국어로 칸트의 언어인 독일어보다 영어를 더 많이 사용했다.

로 검토하는 내용을 담고 있다.

비판기 이전의 저작들은 흔히 '교설적dogmatic'이라고 불리는데, 교설적 저작은 특정한 철학적 주제를 다룰 때 인간의 인식 능력이 실제로 그 주제를 다룰 수 있는지를 점검하지 않고 바로 이론을 펼친 내용을 담고 있다. 칸트는 이런 점을 한계로 보고, 이후에는 자신의 이성이 어떠한 주장을 할 수 있을지를 먼저 따져보는 태도를 취하기 시작했다. 이 태도가 바로 '비판적critical' 사유다. 이런 철학적 전환에 따라 그의 비판기 저작은 인간이나 자연에 대해 직접적으로 주장하기보다, 인간의 인식이 특정 주장을 할 수 있는 능력을 갖고 있는지부터 점검한다. 이런 방식은 그 당시 매우 도전적이고 새로운 접근이었다.

『순수이성비판』의 두 판본

세 권의 비판서 가운데 첫 번째에 해당하는 『순수이성비판』은 과학적 인식의 문제를 다루고 있다. 인식의 문제를 다루는 철학의 영역을 인식론epistemology 혹은 지식론theory of knowledge이라고 한다. 이 책은 1781년, 칸트가 57세였을 때 출간되었다. 2부에서 다룰 『실천이성비판』은 1788년에, 4부에서 다룰 『판단력비판』은 1790년에 출간되었다. 칸트의 가장 중요한 책을 꼽으라고 하면 학자마다 견해가 다르겠지만, 나는 『순수이성비판』을 가장 중요하게 본다. 이 책은 우리의 생각 자체를 철저히 점검하는 과정을 담고 있어서 가장 충격적이다.

『순수이성비판』의 초판은 1781년에 출간되었지만, 칸트는 독자들이 책의 내용을 제대로 이해하지 못했다고 판단했다. 그래서 6년 뒤인 1787년에 내용을 일부 수정해 재판을 출간했다. 이 재판의 출간으로 초판이 폐기된 것은 아니며 저술의 방향이 근본적으로 달라지지도 않았지만 서술 방식이나 표현에는 차이가 있었다. 칸트는 자신의 의도를 보다 강하게 드러내기 위해 여러 표현을 조정했다.

그 이후 『순수이성비판』을 읽은 학자들 사이에서는 어느 판이 더 나은지를 두고 의견이 엇갈렸다. 어떤 이들은 초판이 오히려 더 낫다고 보았다. 반면 수정된 재판이 더 명확하고 철학적으로 정제되어 있다고 평가하는 견해도 많았다. 이런 차이는 보는 사람의 철학적 관점에 따라 생긴 것이기도 하고, 칸트가 저술 과정에서 의도적으로 강조했던 부분의 차이에서 비롯되기도 했다. 결과적으로 초판과 재판 모두 중요하게 여겨졌고, 이후에는 초판을 A판, 재

42 Einleitung [nach Ausgabe A]	Einleitung [nach Ausgabe B] 42*
	III. Die Philosophie bedarf einer Wissenschaft, welche die Möglichkeit, die Prinzipien und den Umfang aller Erkenntnisse a priori bestimme
Was aber noch weit mehr sagen will ist dieses, daß gewisse Erkenntnisse sogar das Feld aller möglichen Erfahrungen verlassen, und durch Begriffe, denen überall kein entsprechender Gegenstand in der Erfahrung gegeben werden kann, den Umfang *unserer* Urteile über alle Grenzen derselben zu erweitern den Anschein haben.	Was noch weit mehr sagen will *als alles vorige*, ist dieses, daß gewisse Erkenntnisse sogar das Feld aller möglichen Erfahrungen verlassen, und durch Begriffe, denen überall kein entsprechender Gegenstand in der Erfahrung gegeben werden kann, den Umfang unserer Urteile an die Grenzen derselben zu erweitern den Anschein haben.
Und gerade in diesen letzteren Erkenntnissen, welche über die Sinnenwelt hinausgehen, wo Erfahrung gar keinen Leitfaden noch Berichtigung geben kann, liegen die Nachforschungen unserer Vernunft, die wir der Wichtigkeit nach für weit vorzüglicher, und ihre Endabsicht für viel erhabener halten, als alles, was der Verstand im Felde der Erscheinungen lernen kann, wobei wir, sogar auf die Gefahr zu irren, eher alles wagen, als daß wir so angelegene¹) Untersuchungen aus irgendeinem Grunde der Bedenklichkeit, oder aus Geringschätzung und Gleichgültigkeit aufgeben sollten.	Und gerade in diesen letzteren Erkenntnissen, welche über die Sinnenwelt hinausgehen, wo Erfahrung gar keinen Leitfaden, noch Berichtigung geben kann, liegen die Nachforschungen unserer Vernunft, die wir, der Wichtigkeit nach, für weit vorzüglicher, und ihre Endabsicht für viel erhabener halten, als alles, was der Verstand im Felde der Erscheinungen lernen kann, wobei wir, sogar auf die Gefahr zu irren, eher alles wagen, als daß wir so angelegene¹) Untersuchungen aus irgendeinem Grunde der Bedenklichkeit, oder aus Geringschätzung und Gleichgültigkeit aufgeben sollten. *Diese unvermeidlichen Aufgaben der reinen Vernunft selbst sind Gott, Freiheit und Unsterblichkeit. Die Wissenschaft aber, deren Endabsicht mit allen ihren Zurüstungen eigentlich nur auf die Auflösung derselben gerichtet ist, heißt Metaphysik, deren Verfahren im Anfange dogmatisch ist, d. i. ohne vorhergehende Prüfung des Vermögens oder Unvermögens der Vernunft zu einer so großen Unternehmung zuversichtlich die Ausführung übernimmt*²).
Nun scheint es zwar natürlich, daß, sobald man den Boden der Erfahrung verlassen hat, man doch nicht mit Erkenntnissen, die man besitzt, ohne zu wissen woher, und auf den Kredit der Grundsätze, deren Ursprung man nicht kennt, sofort ein Gebäude errichten werde, ohne der Grundlegung desselben durch sorgfältige Untersuchungen vorher versichert zu sein,	Nun scheint es zwar natürlich, daß, sobald man den Boden der Erfahrung verlassen hat, man doch nicht mit Erkenntnissen, die man besitzt, ohne zu wissen woher, und auf den Kredit der Grundsätze, deren Ursprung man nicht kennt, sofort ein Gebäude errichten werde, ohne der Grundlegung desselben durch sorgfältige Untersuchungen vorher versichert zu sein,
¹) Grillo: „angelegentliche".	¹) Grillo: „angelegentliche". ²) „Diese ... übernimmt" fehlt bei Rosenkranz.

칸트의 『순수이성비판』(Felix Meiner 판)의 일부에는 그림처럼 책의 좌우 면에 같은 쪽수가 표기되어 있다. 이는 왼쪽 면의 A판과 오른쪽의 B판을 비교하며 독서하도록 편집된 것이다.

판을 B판이라고 구분해 표기하게 되었다.

앞의 사진은 독일어판 『순수이성비판』의 한 페이지다. 페이지 번호를 보면 왼쪽과 오른쪽 모두 42쪽으로 표시되어 있다. 왼쪽 페이지 상단에는 'nach Ausgabe A'라고 표기되어 있어서 이것이 초판의 내용임을 알 수 있다. 오른쪽 페이지에는 'nach Ausgabe B'라고 표시되어 있어서 해당 페이지가 재판의 내용을 담고 있음을 알 수 있다.

양쪽 페이지를 비교해 보면 A판과 B판이 어떻게 다른지를 확인할 수 있다. 가장 위쪽을 보면, 오른쪽 B판에는 제목이 들어가 있지만, 왼쪽 A판에는 제목이 없다. 또 왼쪽 A판은 중간 부분이 비어 있는데, 그와 달리 오른쪽 B판에는 이탤릭체로 표기된 문장이 추가되어 있다. 이로써 우리는 칸트가 B판에 새로운 내용을 덧붙였다는 사실을 알 수 있다. 단락의 내용을 부연하고자 추가 서술한 것이다.

『순수이성비판』 연구자들은 이런 식으로 편집된 판본을 보며 공부한다. 두 판본 사이에 어떤 문장이 바뀌었고 어떤 표현이 추가되었는지, 무엇이 같고 무엇이 다른지를 세심하게 비교한다. 그리고 그 차이를 통해 칸트의 의도와 철학적 강조점을 더욱 정밀하게 파악하려 노력한다. 그들은 A판과 B판의 각 문장을 주의 깊게 읽으며, 말 하나하나의 의미를 꼼꼼하게 이해하고자 한다.

존재론과 인식론

『순수이성비판』 A판과 B판의 가장 큰 차이는 무엇일까? 간단히 말하면 두 판 모두 같은 내용을 담고 있지만 강조점에 차이가 있다. A판은 존재론적 성격이 좀 더 부각되어 있고, B판은 인식론적 성격이 한층 강하게 드러난다. 그렇다면 『순수이성비판』의 내용을 살펴보기 전에 존재론과 인식론이 무엇인지부터 먼저 이해할 필요가 있다.

존재론ontology은 '존재란 무엇인가'를 묻는 철학이다. 이 말은 존재를 뜻하는 그리스어 'on'(Sein, being)과, 학문을 의미하는 접미사 '-logy'가 결합한 말이다. 예를 들어 '존재란 무엇인가?', '왜 아무것도 없는 것이 아니라 어떤 것이 존재하는가?'와 같은 물음은 존재론의 대표적인 질문이다.

존재론은 형이상학이라는 더 넓은 철학 분야의 한 부분에 속하며, 존재의 가장 근원적인 차원을 탐구한다.

형이상학은 신, 영혼, 인간의 자유 같은 물음을 다루는 분야다. 하지만 존재론은 보다 근본적으로 '존재란 무엇인가?'를 묻고, 인간이 다른 존재자들과 어떻게 다른지를 탐색한다. 존재자란 존재하는 모든 것을 가리키므로 인간 개개인도 존재자에 해당한다. 인간이 존재한다는 것은, 존재가 그 인간 존재자와 함께하고 있음을 의미한다. 인간 존재자가 소멸하는 순간은 곧 그 개체의 죽음을 뜻하며, 이는 그 존재자에게서 존재가 떠난 것이라고 말할 수 있다. 이처럼 존재란 존재하는 모든 것, 곧 모든 존재자의 존재 근거다.

철학자 하이데거$^{Martin\ Heidegger}$는 『존재와 시간』이라는 책을 통해 존재론적 탐구를 시도했다. 하이데거는 칸트 이후의 철학자이며, 칸트의 철학을 존재론적으로 새롭게 해석하려 했던 인물이다. 그는 '시간'이라는 요소를 통해 인간 존재를 분석하고자 했다. 인간의 탄생과 죽음 사이에 있는 시간이 '인생'이며, 한 개인에게 인생은 그에게 주어진 시간이다. 물질로 이루어진 몸에 시간의 형태로 존재가 부여될 때 비로소 생명을 가진 인간이 된다.

시간을 통해 존재를 해명하려 했던 하이데거의 작업은 끝내 완성되지 못했다. 그는 그 방식만으로는 존재 자체를 충분히 설명해 내기 어렵다고 판단했고, 결국 연구를 중단한 채 그 저작을 미완성의 상태로 출간했다. 그럼에도 불구하고 『존재와 시간』은 20세기 가장 영향력 있는 철학서 가운데 하나로 평가받는다. 하이데거는 이 책에서 진행된 자신의 연구를 '기초존재론'이라고 불렀다. 하이데거는 칸트 이후의 철학자이며, 칸트의 철학을 존재론적으로 새롭게 해석하려 했던 인물이다. 그는 『순수이성비판』의 두 판본 중 A판을 더 중요하게 여겼다.

라이프니츠Gottfried Wilhelm Leibniz는 칸트 이전에 존재에 대한 근본적 물음을 던진 대표적인 철학자 중 한 사람이다. 그는 "왜 무엇인가가 존재하는가? 왜 아무것도 없는 것이 아니라 무언가가 존재하는가?"라는 유명한 물음을 남겼다. 이런 질문은 존재에 대한 탐구의 출발점이며, 존재의 이유에 대해 깊이 성찰하게 한다.

칸트는 이런 존재론적 물음에 대해 매우 독특한 방식으로 접근했다. 그는 먼저 인간이 그런 질문에 대답할 수 있는 능력이 있는지를 따져보았다. 다시 말해 인간이 존재에 대해 알 수 있는가를 물은 것이다. 이런 물음은 곧 인식의 문제이며, 인식론의 영역에 속한다. 존재론이 '있는 그대로의 것'에 대해 질문한다면, 인식론은 '그것을 인간이 어떻게 알 수 있는가'에 대해 질문한다. 따라서 인간에게 인식 능력이 없다면 존재에 대한 논의 자체가 성립하기 어렵다. 칸트는 이런 관점에서 『순수이성비판』을 통해 인간의 인식 구조를 분석하고, 지식이 어떤 조건 아래에서 가능해지는지를 탐색한다.

그렇다면 지식knowledge이란 무엇일까? 지식은 인간이 알고 있는 참된 내용을 말한다. 거짓된 정보나 잘못된 주장은 지식으로 볼 수 없다. 내가 어떤 것을 '안다know'고 말하려면, 그 내용이 옳다는 것을 전제로 해야 한다. 따라서 지식은 언제나 참된 것을 지칭하는 말이며, 인식knowing이란 그 참된 내용을 '아는 행위'라고 말할 수 있다.

이런 이유에서 칸트는 철학적 주장은 인간의 인식 구

조에 대한 철저한 검토를 거쳐 그것이 가능한 인식의 조건 아래에서만 제기되어야 한다고 본다. 『순수이성비판』의 초판(A판)에서는 존재론적 관심이 강조되었지만, 재판(B판)에서는 인간의 인식 능력과 그 한계를 중심으로 설명하는 내용이 더욱 부각되었다.

칸트는 우리가 궁극적으로 알고자 하는 대상들, 예컨대 신, 우주, 영혼과 같은 존재론적 주제들에 대해 말하려면 먼저 그런 것들을 인식할 수 있는지를 점검해 보아야 한다고 주장한다. 이것이 '비판'의 의미이며, 칸트가 말하는 철학의 새로운 시작이기도 하다. 이때의 비판은 이성의 자기비판을 의미한다.

따라서 『순수이성비판』은 단순히 존재를 설명하는 책이 아니라, 인간이 어떻게 존재를 이해할 수 있는지를 규명하는 인식론적 저작이기도 하다. 칸트는 인식의 능력을 검토하고 그 능력의 범위 내에서 존재를 말함으로써 철학을 독단이 아닌 비판적 성찰로 이끌어 냈다. 그렇게 함으로써 그는 철학의 지평을 넓혔고, 이후의 수많은 사상가에게도 깊은 영향을 끼치게 된다.

비판이란
무엇인가

02

순수이성은 무엇인가

『순수이성비판』이 다루는 핵심 문제는 '어떻게 과학적 지식이 가능한가?'이다. 칸트는 이 질문을 자신만의 철학적 언어로 바꾸어 표현한다. 그것이 바로 이 책의 서론에 등장하는 문장, "선천적 종합 판단은 어떻게 가능한가?"이다.

『순수이성비판』은 크게 두 부분으로 구성되어 있다. 하나는 '선험적 요소론'이고, 다른 하나는 '선험적 방법론'이다. 먼저 '선험적 요소론'에서는 감성에 관한 '선험적 감성론'을 다룬 뒤, '선험적 논리학'으로 넘어간다. 이 논리학은 다시 '선험적 분석론'과 '선험적 변증론'으로 나뉘며, 전자는 오성^{understanding}, 후자는 이성^{reason}을 분석하는 내용이다. 이쯤에서 벌써 벽을 마주한 듯 답답한 느낌이 들기 시작할 것이다. 그러나 그것은 지극히 자연스러운 반응이다. 마치 한글을 막 익힌 아이가 한자어로 가득한 책을 펼쳤을 때 느끼는 낯섦과 같을 수 있다.

칸트가 활동하던 당시의 철학 저술들은 대부분 라틴어로 쓰였다. 조선 시대 유학자들이 한문으로 글을 쓰던 것과 비슷한 양상이다. 그런데 칸트는 『순수이성비판』을 독일어로 집필했다. 이는 마치 한문으로 쓰던 내용을 갑자기 국문으로 옮겨 쓰기 시작한 것과 다름없다. 그러나 한문으로 작성하던 철학 용어들을 단지 한글로 적는다고 해서 그것이 다 쉽게 이해되지는 않는다. 칸트도 마찬가지였다. 철학 개념어들을 모두 순수한 독일어로 옮길 수는 없었다. 그래서 칸트는 자신이 사용할 철학 개념을 만들면서 라틴어를 독일어화했다. 이런 이유로 그의 주요 철학 용어들 중에는 라틴어에 뿌리를 둔 것이 많다.

먼저 제목에 나오는 '순수이성$^{pure\ reason}$'이라는 개념부터 살펴보자. 순수이성이란 과연 무엇일까? 우리가 익숙하게 알고 있는 '이성' 앞에 '순수'라는 단어가 붙었다. 순수이성은 '실천이성practical reason'과 구분된다. 실천이성이란, 도덕적 실천을 이끄는 의지의 행위를 규정하는 이성을 말한다. 실천이성 안에서는 절대적으로 타당한 도덕의 보편적 법칙을 만들고, 그 법칙을 따르는 능력이 드러난다.

이에 비해 순수이성은 도덕적 실천과는 무관한 영역에서 작동하는 이성을 말한다. 이는 과학적 인식이나 이론적 인식을 가능하게 하는 능력이다. 다시 말해 우리가 경험을 다루는 과정에서 과학적으로 타당한 지식, 누구나 인정할 수 있는 객관적 인식이 어떻게 가능한지를 탐구하는 것이다. 여기서 '순수'란, 이론적이고 과학적인 문제에 집중한다는 뜻이며, 도덕적 의지와 관련된 문제를 배제한다는 점을 강조한다. 또한 현실의 다양한 우연적 요소들을 걷어내고 그 속에서 필연적 구조를 끌어내려는 성격을 지닌다.

제목에 나오는 '비판'은 인간의 지식, 사상, 행위 등에 대한 기원과 타당성, 그리고 그 한계를 분명히 밝히며, 그 능력을 철저히 검증하는 작업을 뜻한다. 일상에서 흔히 사용하는 '비판'처럼, 옳고 그름을 구별한 뒤 잘못을 지적하고 꾸짖는 행위를 의미하는 것은 아니다.

이제까지의 내용을 종합하면 '순수이성비판'이라는 말의 의미가 분명해진다. 이는 인간이 가진 이성 가운데서도 순수이성, 즉 과학적이고 이론적인 영역에서 작용하는 이성의 능력을 아주 엄격하게 따져보는 작업을 말한다.

비판철학과 반성

『순수이성비판』은 인식의 주체가 자신이 지닌 과학적 인식 능력을 반성적으로 검토하는 작업이다. 이 작업은 이성이 자기 자신을 되돌아보는 성격을 지닌다. 칸트의 철학은 바로 이런 반성적 성격에 바탕을 둔 철학이며, 그래서 이를 흔히 '반성철학'이라고 부른다. 여기서 반성이란 자신을 되돌아본다는 의미이며, 반성철학은 마치 거울에 자신을 비춰보듯 나의 내면에서 어떤 일이 일어나고 있는지를 탐색하는 철학이라고 할 수 있다.

칸트의 또 다른 책 『실천이성비판』은 도덕철학이나 윤리학처럼 실천 속에서 작용하는 이성의 능력을 검토하는 작업이다. 인간의 행동과 실천에서 기대할 수 있는 내용을 다루면서 그 타당성을 따져본다.

『판단력비판』은 아름다움에 관한 판단과 목적성에 관한 판단 능력을 중심으로 구성되어 있다. 이 책은 인간이 어떤 방식으로 판단하는지를 살펴보는 작업이라고 할 수 있다. 칸트가 『순수이성비판』을 쓰기 전까지의 저술들은 대체로 독단적이며 교설적인 경향이 강했다. 그러나 이 책을 기점으로 칸트의 철학은 본격적으로 비판철학의 성격을 갖추게 된다. 그는 자신에게 다음과 같은 자기 검증적 질문을 던지기 시작한다.

'우리에게 신의 존재에 대해 알 수 있는 능력이 있는가?'
'신의 존재를 규명할 수 있는 능력이 과연 과학적 지성에 주어진 것인가?'
'반드시 참인 도덕 명령을 인식할 수 있는 능력이 인간에게 있는가?'

이런 질문들이 해결되지 않으면, 신의 존재에 관한 논의나 도덕 문제에 관한 논의 자체가 무의미해질 수 있다. 그래서 칸트에게 철학은 이성이 자기 자신을 검토하고 검증하는 자기반성으로부터 시작된다.

어떻게 지식이 가능한가

『순수이성비판』의 첫 질문은 "선천적 종합 판단이 어떻게 가능한가?"이다. 이는 곧 과학적 지식이 어떻게 가능한지를 묻는 철학적 질문이다. '선천적 종합 판단'이란 칸트가 지식을 설명하기 위해 사용한 전문 용어이며, 칸트를 이해하려면 우선 이 개념부터 정확히 이해할 필요가 있다.

'판단'이란 주어와 술어를 합해 만든 문장을 뜻한다. 즉. '~은 ~이다'와 같은 형식의 문장이 곧 판단이다. 우리가 경험하거나 사고한 어떤 대상에 대해 '~은 ~이다'라고 말하는 순간, 우리는 이미 하나의 판단을 내리는 것이다. 그런 판단이 과학적 지식이 되기 위해서는 두 가지 조건이 충족되어야 한다. 첫째, 그 판단의 내용은 항상 참이어야 한다. 둘째, 그 판단은 어떤 새로운 정보를 제공해야 한다. 이 두 조건을 동시에 갖출 때 비로소 판단이 지식이 된다고 칸트는 말한다.

'지식은 어떻게 가능한가?'라는 질문은 근대 이후 발전한 철학 전통에 대한 반성을 포함한다. 데카르트^{René Descartes}로 대표되는 대륙의 합리론, 즉 이성주의 철학은 기하학적 연역 구조를 지향했다. 이 철학은 필연성과 확실성을 가진 지식 체계를 추구했지만, 새로운 내용을 담아내는 동시에 필연적 타당성을 갖춘 지식이 어떻게 가능한지는 설명하지 못했다.

반면 흄^{David Hume}으로 정점에 이르는 영국의 경험론, 즉 경험주의 철학은 귀납적 타당성을 가진 지식 체계를 제시하면서 새로운 내용을 전달하는 데에는 성공했지만, 그런 지식이 어떻게 필연성을 가지게 되는지를 설명하지 못했다. 예컨대 원인과 결과를 연결하는 인과율의 타당성은 단순한 경험에만 의존해서는 그것을 정당화할 수 없기 때문이다.

칸트의 비판철학은 이성주의 철학에서는 필연적 확실성을 제공하는 지식의 성격을, 경험주의 철학에서는 새로운 내용을 담은 지식의 성격을 각각 받아들이며, 그 두 성격을 종합하려는 철학적 책임을 자임한다. '선천적 종합 판단'이란 바로 이런 성격을 지닌 지식을 뜻한다. 『순수이성비판』에서 선천적 종합 판단의 가능성을 묻는 작업은, 대륙의 이성주의 철학과 영국의 경험주의 철학을 종합하는 장대한 철학적 시도였으며, 칸트는 그것을 탁월하게 수행해 냈다.

칸트가 이런 책무를 맡게 된 이유는, 당대 자연과학이 제시한 지식의 필연성을 철학적으로 설명할 필요가 있었기 때문이다. 당시에는 아이작 뉴턴^{Isaac Newton}을 필두로 다양한 자연과학자들의 연구 업적이 쏟아져 나왔다. 그들이 만들어낸 자연과학의 지식은 분명히 새롭고 유효했지만, 그 지식이 어떻게 필연성을 담보할 수 있는지에 대해서는 설명이 부족했다. 이 물음에 답하려면 결국 인간의 인식 능력에 대한 근본적인 질문을 던져야 한다. 칸트는 바로 그 철학적 질문에 응답한 것이다.

선천적 종합 판단의 구조

'선천적'이라는 말은 '후천적'과 쌍을 이루는 개념이다. 그리고 '종합적'이라는 말은 '분석적'이라는 말과 대응한다. 이 두 쌍의 개념은 총 네 가지 판단 유형의 조합을 만들어내는데, 선천적 판단, 후천적 판단, 분석적 판단, 종합적 판단이 그것이다. 먼저 이 네 가지 판단의 각각의 의미를 살펴보자. 그런 다음 이 개념들이 만들어내는 네 가지 판단 조합의 가능성을 차례로 검토해 볼 것이다.

먼저 가장 쉬운 개념인 분석적 판단부터 시작해 보자. 분석적 판단이란, 주어를 분석하면 나오는 내용을 술어로 삼은 판단을 뜻한다. 예를 들면 '백조는 희다', '황금은 노랗다', '삼각형은 세 개의 변으로 이루어져 있다'와 같은 문장들이다. 이런 판단은 경험하지 않아도 당연하게 받아들여지며 항상 옳다. 경험과 무관하게 언제나 참인 판단이므로 필연적 타당성을 갖는다. 그러나 이런 판단은 새로운 정보를 제공하지 않는다. 우리가 이미 알고 있는 것을 반복하는 말이기 때문에 당연하면서도 공허하게 들릴 수 있다.

그렇다면 종합적 판단은 어떤 의미일까? 종합적 판단은 분석적 판단의 대립 개념이다. 이는 주어에 포함되어 있지 않은 새로운 내용을 술어에 담은 판단을 말한다. 예를 들어 '철은 불에 잘 타는 금속이다', '나무는 불에 잘 타는 물질이다' 같은 문장은 주어에 포함되지 않은 성질을 술어로 서술하고 있다. '철'이나 '나무'라는 단어 자체에는 '불에 잘 탄다'는 의미가 포함되어 있지 않다. 이 성질은 각각의 물질을 경험해 보아야만 알 수 있고, 해당 사물을 학습하는 과정에서도 이해하게 된다. 종합적 판단의 참과 거짓은 주어 자체를 분석하는 것으로는 판단할 수 없고, 반드시 경험이나 학습을 통해 확인해야 한다.

다음으로 선천적 판단에 대해 살펴보자. 선천적 판단이란, 경험에 의존하지 않는 판단을 뜻한다. 이 판단은 별다른 논증 없이 자명하게 타당성이 드러나는 것이 특징이다. 예를 들어 '7 더하기 5는 12다'라는 명제는 경험에 바탕을 둔 참의 근거가 아니다. 어린아이가 이 명제를 학습하는 과정에서 물건을 이용해 경험적으로 접근할 수는 있지만, 그 참의 성격은 경험에 의존하지 않는다. 이런 의미에서

'선천적'이라는 표현은 '선험적'으로 번역되기도 한다. 선천적이란 말은 '타고난 것'을, 선험적이란 말은 '경험에 앞선 것'을 의미한다.

선천적 판단의 또 다른 예로 '신은 전지전능한 존재다'와 같은 명제가 있다. '신'이나 '전지전능함'이라는 개념은 경험을 통해 얻은 것이 아니라 순전히 사유를 통해 떠오른 개념이다. 이런 개념들은 시간이 지나 점차 이해하게 될 수도 있지만 결국 선천적으로 주어진 사유의 산물이라고 할 수 있다. 그러나 이런 신학적 명제는 그 자체의 타당성이 명확하게 입증되지 않으며, 자명한 진리라고 단정하기도 어렵다. 이들은 과학적 명제처럼 보일 수 있지만 실제로는 주관적 믿음의 내용을 담고 있는 경우가 많다.

마지막으로 후천적 판단은 경험에 의존하는 판단을 말한다. '우리나라에 있는 클로버 대부분은 그 잎이 세 개다'라는 명제를 생각해 보자. 이 판단은 우리나라에서 실제로 클로버를 조사해 본 경험이 있어야만 그 타당성을 알 수 있다. 많은 사람은 이 명제를 대체로 참이라고 받아들이지만, 그 타당성은 표본 조사 등 실제 경험적 검증을 통해야만 입증된다. 이런 판단은 필연성보다는 우연적 성격을 지닌다. 예를 들어 누군가 '우리나라에 있는 대부분의 클로버는 모두 잎이 네 개다'라고 주장했는데, 실제로 조사해 보니 그 나라의 클로버가 대부분 네 잎이었다면 그 말이 참이 될 수도 있다. 이런 지식은 경험을 통해서만 알 수 있으며 필연적이라고 말할 수는 없다.

분석적 판단과 종합적 판단을 구분하는 기준은 주어와 술어를 결합할 때 술어의 내용이 주어 속에 이미 포함되어 있는지다. 선천적 판단과 후천적 판단의 구분 기준은 판단의 타당성을 경험에 기반해 입증하는지에 따라 결정된다. 네 가지 판단은 서로 겹치는 부분도 있지만, 판단을 구성하는 기준이 다르기에 명확하게 구분되기도 한다.

선천적 종합 판단의 가능성

앞에서 살펴본 네 가지 판단의 특성을 염두에 두면서, 그것들이 만들어내는 네 가지 조합과 특성을 하나씩 검토해 보자. 이렇게 하는 이유는 칸트가 『순수이성비판』에서 "선천적 종합 판단이 어떻게 가능한가?"라는 질문을 핵심 과제로 삼았기 때문이다. 각각의 조합을 살펴보면, 칸트가 왜 선천적 종합 판단의 가능성에 주목했는지를 이해하게 될 것이다. 그 네 가지 조합은 다음과 같다.

- 후천적 종합 판단
- 후천적 분석 판단
- 선천적 종합 판단
- 선천적 분석 판단

이제 이 조합들을 검토해 보자. 이를 위해서는 앞서 설명한 각 판단의 정의와 특징을 다시 떠올려야 한다.

먼저 후천적 판단은 경험에 근거하는 판단이다. 그래서 모든 후천적 판단은 종합적 판단이다. 경험에서 얻은 새로운 정보를 술어로 추가하는 것이 후천적 판단의 방식이므로, 후천적 판단이 분석적일 수는 없다. 따라서 후천적 분석 판단은 존재할 수 없다.

다음으로 모든 분석적 판단은 선천적이다. 분석적 판단은 주어에 이미 포함된 개념을 술어로 표현하는 판단이므로 타당성을 입증하기 위해 경험이 필요하지 않다. 경험 없이도 무조건 참인 분석적 판단은 반드시 선천적이다. 따라서 분석적 판단이 후천적일 수는 없다.

지금까지의 검토를 통해 우리는 세 가지 조합, 즉 후천적 종합 판단, 후천적 분석 판단, 선천적 분석 판단을 다루었다. 이제 남은 것은 하나, 바로 선천적 종합 판단이다. 선천적 종합 판단이 존재한다면 그것은 종합적 판단으로서 새로운 정보를 제공하는 동시에, 선천적 판단으로서 그 타당성이 필연적이라는 성격을 지닌다. 즉, 선천적 종합 판단이란 새로운 내용을 담고 있으면서도 항상 옳고 경험에 의존하지 않는 판단이다. 이것이 바로 과학적 지식이다. 또는 간단히 '지식'이라고 해도 좋다.

칸트는 선천적 종합 판단이 가능하다고 주장했다. 그 대표적인 예가 '7 더하기 5는 12다'라는 수학 명제다. 여기서 '7 더하기 5'는 주어이고, '12다'는 술어에 해당한다. '7 더하기 5'라는 표현에는 '12'라는 수의 개념이 포함되어 있지 않기 때문에 이 명제는 종합적이다. 동시에 이 명제의 타당성은 경험에 의존하지 않고 자명하게 성립되므로 선천적이다. 칸트는 이런 성격을 바탕으로 "모든 수학적 명제는 선천적 종합 판단이다"라고 말한다.

칸트는 '모든 변화에는 원인이 있다'라는 인과의 법칙 역시 선천적 종합 판단의 사례로 보았다. 인과율은 경험적 증거 없이도 보편적이고 필연적으로 인식되며, 우리가 세계를 이해하는 데에 꼭 필요한 인식의 틀이다. 칸트는 이것이 우리의 경험을 가능하게 하는 인식 구조 자체에 속한다고 본다. 다시 말해 인과율은 세계에 속한 것이지만, 그 인과율을 적용하고 이해하는 방식은 인간의 인식 구조가 제공하는 것이다. 그래서 인과율은 필연성을 갖는다.

칸트가 선천적 종합 판단의 가능성을 밝히고자 한 이유는, 우리의 지식이 단순히 경험에만 의존하는 것이 아니라, 인간이 타고난 인식적 장치의 작동 방식에도 크게 의존한다는 점을 드러내기 위함이었다. 흄은 인과율을 과거로부터 지금까지 반복된 경험의 축적을 통해 얻은 결과라고 보았다. 따라서 그는 앞으로도 인과율이 성립하리라는 확신을 철학적으로 보증할 수 없었다. 반면 칸트는 인과율이 경험의 산물이 아니라, 세계를 인식하고 이해할 때 작동하는 인간의 인식 구조에 속한다는 사실을 깨달았다. 그래서 우리는 과거뿐만 아니라 미래에도 세상을 인과적으로 경험할 수밖에 없다는 것이다. 수학과 자연과학의 법칙들이 갖고 있는 타당성은 바로 이런 방식으로 설명된다.

결국 『순수이성비판』의 본격적인 과제는 '과학적 지식을 가능하게 하는 인간의 인식 구조는 과연 어떤 것인가?'라는 문제를 밝히는 것이다. 이 인식 구조를 해명하면, 외형상으로는 과학적 지식처럼 보이지만 실제로는 과학이 아닌 허구적 믿음의 구조 또한 식별할 수 있게 된다. 과학적 명제와 그렇지 않은 명제가 각각 다른 인식 구조에 기반을 두고 있다는 사실을 확인하게 되는 것이다.

우리는
'있는 그대로'를
알고 있는가

03

우리가 보는 세계는 실재인가

"우리는 있는 그대로의 사물에 대해 아는 것일까?"라는 질문을 살펴보자. 이것은 칸트 인식론이 시작되는 첫 번째 물음이며, 우리의 인식 방식을 근본적으로 되돌아보게 만드는 핵심 질문이다. 우리가 가진 지식은 실제로 '있는 그대로의 실재'에 관한 것일까?

이 질문을 색안경의 비유를 통해 설명해 보자. 만약 모든 사람이 특정한 색안경을 쓰고 있다면, 우리가 보는 세상은 그 안경을 통해 본 모습일 것이다. 그런데 열 명 가운데 다섯 명은 색안경을 쓰고 있고 나머지 다섯 명은 쓰고 있지 않다면, 그들이 인식하는 세상의 색깔에 대해 서로 다른 이야기가 존재할 것이다. 만일 사람이 태어날 때부터 모두 특정한 종류의 색안경을 끼고 살아간다면 어떨까? 그렇다면 적어도 사람들 사이에 색에 대한 논쟁은 없을 것이다. 왜냐하면 누구도 그 색안경을 끼지 않은 상태로 세상을 본 적이 없기 때문이다.

개는 흑백으로만 세계를 본다고 알려져 있다. 인간은 총천연색으로 세계를 인지한다. 인간은 흑백 세계가 어떤 모습일지 짐작할 수 있다. 흑백 필름으로 촬영된 영상을 통해 우리는 흑백으로 이루어진 세계의 모습을 상상할 수 있다. 그러나 우리는 개가 실제로 어떤 방식으로 색을 인지하는지 정확히 알 수 없다. 여기서 우리는 인식이라는 단어보다 인지cognition라는 단어를 사용했다. 색은 단순한 인식의 문제가 아니라 감각적 인지의 문제이기 때문이다. 결국 우리는 개와 동일한 시신경을 가진 존재가 아니므로, 개가 실제로 보는 색의 세계를 정확히 알 수 없다. 우리는 인간의 시신경을 통해 보는 세상의 색을 바탕으로 개가 보는 색의 세계를 유추할 뿐이다.

　이제 상상력을 조금 더 확장해 보자. 만약 인간보다 훨씬 더 정교하고 다양한 색을 감각할 수 있으며, 인간과 근본적으로 다른 방식으로 색 혹은 그와 관련된 속성을 인지하는 외계 존재가 있다면 어떨까? 그들은 그들의 인식 구조에 따라 우리에게 익숙한 모습과는 완전히 다른 방식의 세계를 경험할 것이다. 그들은 자신들만의 세계를 구성하며, 그것에 따라 사유하고 소통할 것이다.

　또 다른 상상을 해보자. 인간은 세계를 3차원으로 사고하고 경험하며, 시간의 질서와 공간의 구조를 바탕으로 세계를 바라본다. 그런데 이런 세계의 모습은 인간이 가진 인식 구조에 따라 구성된 것이다. 마치 색안경을 쓰고 세상을 보는 것처럼 말이다. 원래의 세계는 우리가 경험하는 방식과는 다를 수도 있지 않을까? 인간만이 그렇게 보고 있을 뿐, 인식 구조가 다른 외계 존재가 있다면 그들은 우리와는 완전히 다른 방식으로 세계를 보고 있을지도 모른다. 3차원이 아닌 4차원, 5차원, 혹은 인간이 상상할 수 없는 다른 방식으로 세계를 경험할 가능성도 있다.

칸트는 우리가 경험을 통해 알고 있는 세계가, 인간이 공통으로 지닌 인식 구조를 통해 구성된 세계라고 보았다. 다시 말해 누구나 자신이 쓰고 있는 색안경을 통해 세계를 보는 것처럼 세계는 인식 구조를 거쳐 나타난 것이다. 따라서 우리의 인식 너머에 있는 세계, 즉 색안경 너머의 세계는 우리가 직접 볼 수 있는 대상이 아니다. 우리가 그 자체의 세계를 들여다보고자 하는 순간에도 이미 그것은 색안경을 통해 들어온 것이며, 색안경을 벗을 방법은 애초에 존재하지 않는다.

결국 우리는 두 가지를 명확히 구별해야 한다. 하나는 '있는 그대로의 것'으로서의 세계다. 칸트는 이것을 '물자체物自體, things themselves'라고 불렀다. 이는 칸트 철학의 중심 개념 가운데 하나로, 인식 주관에 의해 나타나는 '현상으로서의 물物'이 아니라, 인식 주관과는 무관하게 그 자체로 존재하는 물을 뜻한다. 라틴어로는 'noumenon(본체)'이다.

다른 하나는 우리가 실제로 경험하고 있는 세계다. 칸트는 이를 '현상appearance'이라고 불렀다. 또 다른 영어인 'phenomenon(현상)'은 라틴어에서 온 단어다.

인간 인식의 틀

칸트에 따르면 우리가 경험하는 세상의 모든 것은 시간과 공간 속에서 인식하게 된다. 세상은 시간 속에서 끊임없이 변화하며, 그 변화는 공간 안에서 일어난다. 우리가 지금 이 순간 생생하게 경험하고 있는 어떤 사물이나 현상도, 그것이 본래 그런 모습이어서가 아니라 그것을 인식하는 우리의 인지 구조가 그렇게 경험하도록 작동하고 있기에 그렇게 보이는 것이다.

우리가 인식하는 세계의 내용은 인간이 공통으로 지닌 인식 구조를 통해 경험된 것이며, 그 구조를 통해서만 우리는 세계를 이해할 수 있다. 그래서 우리는 그 방식대로 세계를 인식할 수밖에 없다.

정리하면 이렇다. 내가 어떤 사물에 대해 그것이 어떠하다고 인식하는 것은, 그 사물이 본래 그러하기 때문이 아니라 내가 그런 방식으로 인식하도록 구조화되어 있기 때문이다. 인간 의식이 이런 인식 구조를 갖추고 있어서 모든 사람이 세계를 유사하게 인식하게 되는 것이다. 결국 우리가 지식을 필연적으로 참된 것으로 판단할 수 있는 근거는 사물 자체에 있는 것이 아니라, 인간 인식의 조건 속에 있다.

영국의 경험론자들은 인간의 정신을 백지상태라고 보고, 외부 세계의 사물을 있는 그대로 반영한다고 생각했다. 반면 칸트는 인간 정신이 백지상태가 아니라 이미 일정한 방식으로 구조화되어 있다고 보았다. 마치 정신이 하나의 프로그램처럼 작동해서 우리는 그 프로그램에 따라 외부의 사물을 그렇게 인식하게 된다는 것이다. 과거에는 세계가 인간의 정신 안에서 그대로 인식되므로 우리는 그것을 있는 그대로 받아들인다고 생각했다. 하지만 칸트는 이런 관점에 반대하며, 이제는 인간의 정신이 개념을 가지고 대상을 판단하며, 그 판단을 통해 세계에 대한 지식을 확장해 나간다고 주장했다.

이런 인식론적 관점의 전환은, 지구가 우주의 중심이라고 믿었던 천동설에서 지구가 태양을 중심으로 공전한다는 지동설로 넘어가는 코페르니쿠스의 관점 전환에 비유된다. 과거에는 세계가 존재하는 그대로 인간에게 인식된다고 생각했지만, 이제는 인간의 인식 구조가 세계를 인식하는 방식 자체를 규정한다고 본다. 다시 말해 세계가 우리에게 있는 그대로 반영되는 것이 아니라, 인간이 가진 인식 구조 안에서 세계가 구성된다는 것이다. 칸트는 이런 관점의 전환을 '코페르니쿠스적 전회'라고 불렀다.

그동안 철학은 이처럼 인간의 정신이 수동적으로 대상을 받아들인다고 보았다. 그러나 칸트는 그와 다르게 인간의 정신은 선천적으로 개념을 가지고 있으며, 그 개념에 따라 대상을 판단하고 그 판단을 통해 지식을 확장한다고 보았다. 칸트는 경험에 앞서 인간에게 인식의 주관적 형식이 이미 존재한다고 주장하며, 이런 인식론적 태도를 '선험적'이라고 명명했다.

'선험적transcendental'이라는 용어는 '초월적transcendent'이라는 말과 어근은 같지만 그 의미는 다르다. '초월적'이 인간의 경험 세계를 넘어선 존재를 가리키는 데에 반해, '선험적'은 인간 정신이 경험 이전에 이미 갖추고 있는 인식의 틀이나 형식을 뜻한다. 인간 정신은 이 선험적 구조를 통해 인식의 능력을 규정하며, 이 능력은 경험 이전에 초월적으로 주어진 것이다. 학자에 따라 '선험적'을 '초월론적'이라고 번역하기도 한다.

모든 인간이 공유하는 인식 구조, 그것을 가진 자아를 칸트는 선험적 자아$^{transcendental\ ego}$라고 불렀다. 그리고 이런 자아 구조를 탐구하는 철학을 선험 철학$^{transcendental\ philosophy}$이라고 불렀다.

지식으로 나아가는 3단계

인식을 구성하는 선험적 자아의 구조는 어떤 모습일까? 칸트에 따르면 지식을 형성하는 인식의 과정은 다음 세 단계로 설명할 수 있다.

감성: 인식의 출발점

지식으로 나아가는 첫 번째 단계는 '감성'이다. 우리가 어떤 대상을 인식하려면 먼저 인식 기관 밖에 있는 사물이 우리의 인식 기관과 만나야 한다. 이처럼 외부의 사물과 우리의 인식 능력이 처음 접촉하는 지점이 바로 감성이다. 감성은 감각을 통해 물자체의 한 측면을 수용한다. 칸트는 물자체와 우리의 감각이 만나는 순간을 "물자체가 감각을 촉발한다"고 표현했다. 즉, 물자체가 우리의 감각을 건드리는 것이다.

이처럼 감각을 통해 들어온 자료들은 감성에 의해 시간과 공간이라는 형식 속에서 일차적으로 정리된다. 감성은 이런 시간적·공간적 틀을 바탕으로 세계를 포착하는 인식 능력이며, 감각 데이터를 정리해 하나의 '직관'으로 만들어낸다.

여기서 '직관'이란, 말 그대로 물자체에 속한 어떤 것이 감각을 통해 직접 들어오는 과정을 뜻한다. 시간과 공간은 이 직관을 구성하는 형식이며, 세계 자체에 존재하는 속성이 아니라 인간의 인식 기능 속에 있는 구조다. 칸트는 시간과 공간이 외부 세계에 실재하는 것이 아니라, 우리가 세계를 느낄 때 스스로 부여하는 인식의 틀이라고 보았다. 따라서 시간과 공간은 우리의 인식 능력 안에 선천적으로 장착된, 일종의 인식 프로그램 같은 것이다.

오성: 판단의 구조

지식으로 나아가는 두 번째 단계는 '오성'이다. 오성은 앞서 설명한 감성과는 다르며, 이성과도 구분되는 개념이다. 오성은 한자어로 '깨달을 오悟'를 사용하며, 칸트는 이를 독일어로 'Verstand'라고 했다. 'Verstand'는 독일어 동사 'verstehen(이해하다)'에서 파생된 명사로, 영어로는 'understanding'에 해당한다. 영어 'intellect'라는 단어도 오성과 유사한 의미로 쓰이는데, 이는 라틴어 'intellectus'에서 유래한 말이다. 그래서 오성은 문맥에 따라 '지성'이나 '이해력'으로 번역되기도 한다.

철학자마다 인간 정신 능력을 다르게 분석하기 때문에, 오성이나 지성의 개념은 학파에 따라 그 역할을 조금씩 다르게 이해할 수 있다. 또한 철학 개념을 번역할 때는 학자나 번역자마다 언어에 대한 이해가 달라서 번역 용어에 차이가 생길 수 있다. 이 책에서는 한국에서 오랫동안 많이 사용된 용어대로 '오성'이라는 표현을 유지하되, 이를 '지성'이나 '이해력'으로도 이해할 수 있다는 점을 함께 기억해 두면 좋겠다.

무엇보다 중요한 것은 칸트가 오성에 어떤 역할을 부여했는가이다. 오성은 과학적 판단을 가능하게 하는 능력이다. 앞서 감성이 감각 데이터를 시간과 공간의 질서에 따라 정리했다면, 오성은 그 데이터를 판단할 수 있도록 개념적인 틀을 부여한다. 칸트는 이런 판단의 틀을 '범주'라고 부르며, 이를 네 개의 영역으로 나눈다. 영역마다 세 가지 범주가 설정되며, 총 열두 개의 범주가 제시된다. 열두 범주의 구체적인 내용은 다음과 같다.

- 분량: 단일성, 다수성, 전체성
- 성질: 실재성, 부정성, 제한성
- 관계: 실체성, 인과성, 상호성
- 양상: 가능성, 현존성, 필연성

감성의 데이터에는 이미 시간과 공간의 질서가 부여되어 있다. 오성은 이 데이터를 네 개의 영역인 분량, 성질, 관계, 양상에 따라 판단한다. 각 영역에는 세 가지의 범주가 설정되어 있으며, 이 범주들은 서로 변증법적 구조를 이룬다. 예를 들어 단일체, 그것과 대립하는 다수의 복합체, 그리고 그것들을 통합한 전체성은 정과 반과 합의 구조를 이루며, 과학적 판단은 이 셋 가운데 하나를 적용함으로써 가능해진다.

- 분량은 감성 경험의 내용이 단일한지, 여러 개로 이루어졌는지, 또는 하나의 통합된 전체를 이루고 있는지를 정리한다.
- 성질은 대상이 실재하는지, 존재하지 않는지, 제한적으로만 존재하는지를 구분한다.
- 관계는 대상이 독립적으로 존재하는 실체인지, 인과적 관계에 있는지, 혹은 상호적 관계 속에 존재하는지를 분석한다.
- 양상은 대상이 가능한 것인지의 여부, 현실에 존재하는지의 여부, 필연적인지의 여부를 판단한다.

예를 들어 내가 어떤 멋진 책상을 보고 과학적 판단을 내린다고 해보자. 그 책상이 하나의 목재로 만들어졌다면 단일체라고 할 수 있고 그것은 실재하고 있으며, 공장의 기계에 의해 대량 생산된 결과물이므로 인과적 관계에 놓여 있다. 내가 그것을 눈앞에 놓고 보고 있다면 그 책상은 현재 나에게 현존하는 것이다. 반면 내가 그 책상을 단지 상상하고 있다면 그것은 현실에 존재하지 않으므로 비존성을 갖는다. 만약에 어떤 장인이 책상을 만들고 있는 장면을 본다면, 그 책상은 아직 완성되지 않았으므로 가능성 상태에 있는 것이다.

이처럼 오성은 열두 개의 범주를 통해 판단을 수행한다. 칸트는 이 범주들을 '순수 오성 개념'이라고 불렀다. 오성이 작용할 때 그 안에 내재한 구조가 개념적 판단을 가능하게 하기 때문이다. 그러나 오성이 범주를 통해 판단을 내리기 위해서는 그 판단의 내용이 될 자료가 필요하며, 그 실질적 데이터는 감성으로부터 공급받는다. 즉, 직관된 데이터에 오성의 개념이 적용되어야 판단이 형성되는 것이다. 칸트는 이를 다음과 같은 문장으로 설명한다. "직관 없는 개념은 공허하고, 개념 없는 직관은 맹목이다." 즉, 경험 없이 형식만 갖춘 개념은 텅 빈 것이며, 개념 없이 감각만 의존하는 방식은 방향을 잃은 상태가 된다.

어떤 사람은 칸트의 이 표현을 패러디해 "현실을 무시하고 이상만 품고 있다면 그 삶은 공허하고, 이상 없이 현실만 따른다면 그 삶은 맹목적이 된다"라고 말하기도 했다. 이는 칸트가 인식의 맥락에서 말한 직관과 개념의 관계를 삶의 이상과 현실로 확장해 표현한 방식이며, 내용상으로도 적절한 비유라고 할 수 있다.

통각: 인식의 통합

지식으로 나아가는 세 번째 단계는 '통각'이다. 통각은 오성을 통해 판단한 경험 내용을 하나의 의식 속에서 종합하고 통일하는 작용이며, 이 역시 오성의 기능에 포함된다. 우리는 하나의 판단만 하는 것이 아니라 동시에 여러 경험을 통해 생긴 판단들을 함께 통합한다. 또한 시간의 흐름 속에서 서로 다른 경험을 연결해 인식하기도 한다. 이처럼 경험하고 판단한 내용을 종합해 내가 인식하는 서로 관련된 사태들을 하나의 체계적인 세계로 구성해 내는 능력이 바로 통각이다.

경험이 진정한 지식이 되려면 정신 작용의 통일이 전제되어야 하며, 통각은 이 정신적 통일을 완수하는 단일한 주체로 작동한다. 통각은 경험적 요소들을 하나로 묶어내며, 우리는 그 통합적 작용을 통해 자아의 일관성을 의식하게 된다. 이 과정에서 의식과 자의식이 동시에 발생한다.

자기 자신을 되돌아보고 스스로 자기를 판단할 때도 사물을 인식할 때와 같은 방식이 작동한다. 우리의 경험 속에는 자아가 포함되어 있지만, 우리가 그 자아를 직접적으로 경험하진 않는다. 경험 속에 드러나는 자아는 곧 선험적으로 이해되는 자아이자, 오직 인식의 형식 안에서만 접근할 수 있는 존재다.

『순수이성비판』의 지위

지금까지 살펴본 것처럼 칸트의 선험 철학은 인간의 인식이 어떤 구조를 거쳐 성립하는지를 탐구한다. 인간은 감성을 통해 세계를 받아들이고, 오성을 통해 그것을 판단하며,

통각을 통해 판단한 내용을 하나의 의식으로 통합한다. 이런 인식 과정은 경험에 앞서 존재하는 형식에 따라 진행되며, 그 형식을 갖춘 인식 주체가 바로 선험적 자아다. 칸트는 『순수이성비판』을 통해 과학적 인식이 가능한 조건을 밝히고자 했다. 이 책은 인식이 어떻게 성립할 수 있는지를 선험적 구조 속에서 설명하려는 시도이며, 인간이 인식할 수 있는 것과 인식할 수 없는 것의 경계를 설정한다.

칸트에 따르면 물자체는 감성과 오성의 범주로는 인식할 수 없다. 하지만 인간은 그것에 대해 생각하거나 말할 수 있다. 즉, 물자체는 인식은 불가능 unknowable 하지만 사유는 가능한 thinkable 대상이다. 인식 knowing 과 사유 thinking 는 서로 구별되는 별개의 정신 작용이다. 물자체에 대해 우리가 알 수는 없지만, 그것에 대해 철학적으로 질문을 던질 수는 있다. 따라서 『순수이성비판』은 읽는 관점에 따라 해석이 달라진다. 인식의 구조를 중심으로 살펴본다면 그것은 인식론적 독해이며, 물자체에 대해 질문을 던진다면 그것은 존재론적 접근이다. 칸트는 이 두 관점을 아우르며 철학의 본질을 추적해 나갔다.

신의 존재를
증명할 수
있는가

04

빨간약을 먹었을 때 보이는 세계

―――――――――

키아누 리브스 주연의 영화 〈매트릭스〉는 직접 보지 않았더라도 제목만큼은 누구나 들어봤을 정도로 우리에게 매우 잘 알려진 작품이다. 영화 속에서 등장인물 모피어스는 네오에게 이렇게 말한다. "우리가 보는 세계는 궁극적인 실재가 아니다." 우리가 인식하는 현실이 허상이라는 것이다. 모피어스는 네오에게 빨간 약과 파란 약을 보여주면서 빨간 약을 먹으면 실재를 알게 되지만, 진리를 아는 일은 고통을 수반한다고 말한다. 반면 편안한 삶을 이어가고 싶다면 파란 약을 선택하라면서, 둘 중 어느 쪽을 선택하겠느냐고 묻는다.

어쩌면 칸트를 공부하는 일은 마치 빨간 약을 먹고 난 뒤의 세계를 탐구하는 것과 같다. 세계가 실제로 어떤 모습인지, 그리고 그 세계를 안다는 것이 무엇을 의미하는지를 깊이 살펴보는 일이기 때문이다. 칸트 철학이 어렵게 느껴지는 이유도 바로 여기에 있을 것이다. 그의 철학을 이해하면, 우리가 기존에 받아들이던 세계가 사실은 매트릭스처럼 구성된 것이며, 우리가 보는 현실이 진짜 세계처럼 생각된 것임을 깨닫게 된다.

'실재'란 실제로 존재하는 것을 말한다. 칸트는 실재를 두 종류로 구분한다. 하나는 현상적 실재, 즉 우리가 경험하고 있는 세계다. 다른 하나는 본체적 실재, 즉 우리의 지각 너머에 있는 그 자체의 세계다. 현상적 실재는 인간의 인식 구조를 통해 경험하는 세계이며, 본체적 실재는 인식의 틀을 거치지 않은 그 자체로 존재하는 세계다. 칸트의 선험 철학은 우리가 지금 보고 있는 세계는 단지 현상적 실재일 뿐이며, 본체적 실재는 우리가 직접적으로 인식할 수 없다고 말한다. 우리는 세계가 경험한 것과 같은 모습이라고 생각하지만, 사실 그것은 우리 생각의 틀이 만들어 낸 결과에 지나지 않는다.

인간의 지식은 인간의 인식 능력에 따라 제한된다. 우리는 이 범위에서 벗어날 수 없으며, 따라서 지식은 오직 경험 세계에 국한된다. 과학적 인식과 관련된 인식 기능은 감성과 오성이다. 하지만 인간에게는 이보다 더 높은 정신 기능인 이성이 존재한다. 이성은 감성과 오성이 작용하는 영역을 넘어 또 다른 차원에서 작동한다.

감성과 오성에 의해 형성된 우리의 지식은 이성이 제시하는 세 가지 관념에 의해 규제된다. 첫째는 자아다. 자아는 사유와 영혼, 주체로서의 다양한 활동을 통합하며 하나의 자아 개념으로 정형화된다. 둘째는 우주다. 우주는 경험 속에서 일어나는 여러 가지 사건들을 종합한 하나의 구조이며, 세계의 일반성을 나타낸다. 셋째는 신이다. 신은 모든 존재와 관계의 궁극적이고 충분한 원인으로서, 만물의 근원으로 이해된다.

이 세 가지 관념에 대해 이성은 구체적인 지식을 제공

하지 않는다. 대신 이들은 우리의 경험에 개입해 그 내용을 체계적으로 정리하는 규제하는 기능을 수행한다. 즉, 이 관념들은 인간의 인식 구조 안에서 선험적으로 작용하며, 우리가 세계를 바라보고 이해하는 방식에 방향을 제시한다.

칸트는 이런 선험적 관념들이 전통 형이상학에서 오류의 원인이 되어왔다고 지적한다. 자아, 우주, 신은 마치 실질적인 존재자인 것처럼 간주되었고, 그것을 바탕으로 과학적 지식과는 다른 사변적 형이상학이 구성되었다는 것이다. 칸트는 우리가 세상을 경험하는 방식을 반성적으로 분석해 보면, 인간은 대체로 자아, 우주, 신이라는 세 가지 관념의 틀 속에서 세계를 바라보고 있음을 알게 된다고 말한다. 이런 관점을 의식할 때, 우리는 기존 세계에 대한 전제가 뒤흔들리는 새로운 가상의 구조를 떠올리게 된다. 그리고 이성은 그 틀을 넘어서는 새로운 질문을 제기한다.

예를 들어 자아는 세계 속에서 시간과 공간의 제약을 받으며 살아간다. 그렇다면 인간은 과연 자유로운 존재인가? 모든 결과에 원인이 있어야 한다면, 그 궁극적인 원인으로서의 신은 과연 존재하는가? 우리의 육체는 눈으로 확인하고 감각할 수 있지만, 육체와는 다른 차원의 존재인 영혼은 과연 불멸하는가?

이런 질문들은 우리가 세계를 인식할 때 자아, 우주, 신이라는 관념에 규제받고 있기 때문에 생겨난다. 그리고 인간에게 그와 같은 질문을 던질 수 있는 능력, 바로 이성이 있기 때문에 가능한 것이다.

신은 과연 존재하는가

신의 존재를 주장하는 이론은 지금까지 수없이 많았다. 대표적인 방식으로는 세 가지가 있다. 첫째는 존재론적 증명이다. 이는 인간이 가지고 있는 '완전한 존재'에 대한 관념이 신이라는 실재적 존재를 전제로 한다는 주장이다. 둘째는 우주론적 증명이다. 모든 존재하는 것에는 그 존재의 원인이 있으며, 그 원인을 거슬러 올라가면 결국 궁극적 원인으로서의 신에 다다른다는 논리다. 셋째는 목적론적 증명이다. 모든 존재에는 존재의 목적이 있으며, 그 목적성을 만든 설계자로서 신이 존재한다는 주장이다.

반면에 신이 존재하지 않는다고 주장하는 수많은 논리와 관점도 존재해 왔다. 그렇다면 신의 존재 증명과 부재 증명 중 어느 쪽이 타당한가? 나아가 인간이 신의 존재를 증명하는 것이 과연 가능한가?

우선 칸트가 존재론적 증명을 어떻게 비판했는지 살펴보자. 이 증명은 현존하는 존재자들의 존재 원인을 인과적으로 추적하는 방식이다. 예를 들어 나의 존재 원인은 부모이고, 부모의 존재 원인은 조부모다. 그리고 그들 역시 그들의 부모에 의해 존재하게 되었다. 이런 식으로 존재의 원인을 끝없이 거슬러 올라가다 보면 결국에는 다른 어떤 것에 의해 생겨난 것이 아니라 그 자체로 존재하는 최초의 원인, 즉 신이라는 존재에 이르게 된다는 것이다. 존재자들의 원인을 추적하다 보면 마치 과학적으로 신의 존재를 입증하는 것처럼 보이기도 한다.

그러나 칸트는 이 논리의 결정적인 결함을 지적했다. 핵심은 인과율에 있다. 인과성은 오성에 속하는 선험적 개념으로, 감성을 통해 획득한 데이터에만 적용될 수 있다. 즉, 경험한 내용에만 인과율을 적용할 수 있고, 그 경험을 초월한 영역에는 인과율을 적용할 수 없다. 인과율은 오성이 경험한 내용을 필연적 관계로 정리할 때 사용하는 개념이기 때문이다.

존재론적 증명은 이 인과율을 물자체의 영역, 즉 인간의 인식 너머에 있는 본체적 실재에 적용한다. 그런데 물자체는 과학적으로 인식할 수 없는 영역이다. 그럼에도 불구하고 이 영역에 인과율을 적용함으로써 마치 과학적 인식인 양 설명하려는 시도가 존재론적 증명이다. 이것은 인과율을 정당한 범위를 벗어난 곳에 무리하게 적용한 것이며, 칸트는 이런 논리는 과학적 증명이라고 부를 수 없다고 비판했다. 신의 존재에 대한 존재론적 증명은 불가능한 것을 가능한 것처럼 착각해 결론을 내린 것에 불과하다.

같은 이유로 신의 부재를 증명하려는 시도 역시 불가능하다. 신에 관한 어떤 과학적 지식도 성립할 수 없으며, 존재 여부 자체가 과학적으로 증명될 수 있는 영역을 넘어서 있다. 따라서 우리는 신의 존재나 부재에 대한 모든 증명이 불가능하다는 점을 받아들여야 한다. 칸트는 『순수이성비판』에서 바로 이 불가능성 자체를 철저하게 증명하고 있다.

이성의 영역은 오성의 영역을 넘어선다. 이성은 우리의 인식을 규제하고 있는 자아, 우주, 신이라는 관념에 대해 근본적인 질문을 던진다. 이런 질문들은 이성을 가진 존재인 인간으로서 피할 수 없는 것이지만, 그렇다고 해서 과학적으로 답변할 수 있는 문제는 아니다.

예컨대 칸트는 신의 존재에 대해 과학적으로 증명할 수 없다고 명확히 말했지만, 그렇다고 해서 신이 인간에게 완전히 알 수 없는 불가지의 존재로만 남는다고 보지는 않았다. 그는 실천의 영역으로 들어가 삶을 살아가다 보면, 그리고 믿음이라는 차원에서 신앙의 세계를 접하게 될 때, 신은 완전히 다른 방식으로 인간에게 다가온다고 보았다.

이성은 우리에게 오해나 착각에 빠질 가능성을 열어 놓는다. 신의 존재, 인간의 자유, 영혼의 불멸성과 같은 물음은 이성이 인간에게 던지는 중요한 질문이다. 칸트가 『순수이성비판』을 통해 철저히 밝히고자 했던 것은 바로 이 질문들에 대해 과학적으로 답할 수 없다는 사실 자체다.

칸트 인식론의 의미

칸트 인식론은 칸트 철학 가운데서도 가장 어렵고 딱딱한 부분으로 꼽힌다. 그럼에도 불구하고 이 강을 건너고 나면 칸트를 이해하는 길이 열릴 것이라고 나는 확신한다.

칸트 인식론은 인간이 지닌 '인식 프로그램'을 이해하는 방법을 제시해 준다. 첫째, 우리는 반성reflection을 통해 자신의 사고 메커니즘을 이해할 수 있음을 알게 된다. 우리는 이 사고 메커니즘의 바깥으로 나갈 수 없다. 마치 안경을 쓴 채로는 맨눈으로 세상을 볼 수 없는 것처럼 말이다.

매트릭스 속의 인간은 자신이 매트릭스 안에 있다는 사실을 깨달을 수 있다. 다시 말해 인간에게는 나름의 인식 프로그램이 내장되어 있으며, 모든 인간에게 동일하게 작동하는 그 프로그램의 작동 방식이 칸트의 인식론을 통해 드러나게 된다.

우리는 그동안 그 프로그램이 무엇인지 잘 알지 못했지만, 칸트는 '반성'을 통해 우리가 사고하는 방식 자체를 되돌아볼 수 있게 했다. 우리는 안경을 쓰고 세상을 보지만, 그 안경을 통해 세상이 어떻게 채색되고 있는지를 자각할 수 있다. 마찬가지로 우리는 매트릭스 속에 살고 있지만, 우리가 매트릭스 안에 있다는 사실과 그 매트릭스의 구조가 무엇인지를 반성을 통해 알아차릴 수 있다.

둘째, 반성은 자신을 바라보는 또 하나의 자아가 존재한다는 것을 알려준다. 반성은 자기를 되돌아보는 능력이며, 이때 작동하는 자아는 두 겹으로 나타난다. AI 두 개를 연결하면 동일한 하나의 체계처럼 작동할 수 있지만, 인간의 반성 속 자아는 그 둘이 결코 단순하게 동일화되지 않는다. 반성하는 '자기'와 반성의 대상이 되는 '자기'는 같은 존재이면서도 서로 긴장 관계에 놓여 있다. 즉, 내가 나를 돌아볼 때 그 안에는 '돌아본 자기'와 '돌아보고 있는 자기'가 각각 존재하며, 이 둘의 독특한 분열과 긴장 속에서 인간의 반성 능력은 작동한다. 이 지점은 이후에 더욱 깊이 들여다볼 것이다.

셋째, 칸트 인식론은 인간을 자연과학의 방식으로만 다룰 수 없다는 사실을 일깨워 준다. 인문학과 사회과학은 인간 개개인이 지닌 고유한 특수성을 중요하게 다뤄야 한다. 그렇지 않고 보편적 구조에만 집착할 경우, 각 자아가 지닌 특유의 개별적 측면들을 온전히 이해하기 어렵다. 물론 통계를 활용한 계량적 접근 방식도 필요하지만, 그와 더불어 설문이나 면담을 통해 개인의 내면과 차이를 심층적으로 파악하려는 방법, 즉 질적 접근 방법qualitative research 또한 필요하다. 이런 질적 접근 방법은 칸트의 영향을 받은 신칸트학파의 문화과학 개념, 그리고 이해의 학문으로서의 해석학hermeneutics 형성에도 중요한 이론적 토대를 제공했다.

어떻게 살아야 하는가

칸트의 도덕철학

2

―――――
인간은 그 자체로 존엄하다.
그러나 존엄한 삶을 살려는 의지를 실천할 때
존엄하게 대우받을 자격이 있다.

인간은 왜 존엄한가

01

이론의 영역과 실천의 영역

1부에서 살펴본 것처럼 『순수이성비판』이 던지는 질문은 '세계를 바라보고 있는 나, 세상을 경험하고 있는 인간, 그 인간은 도대체 어떤 존재인가?'라고 정리할 수 있다. 칸트는 이 질문에 대해 철학적 응답을 했다. 『순수이성비판』에 나타난 칸트의 철학은 비판철학, 반성철학, 그리고 선험철학이라는 세 가지 특징을 갖는다.

먼저 비판철학으로서의 칸트 철학은 인간이 지닌 인식 능력을 비판적으로 검토함으로써, 과학적 능력을 지닌 인간의 모습을 이해할 수 있게 한다. 반성철학으로서의 칸트 철학은 인간이 자기를 돌아보고 철저히 점검하는 과정을 통해, 즉 자기 성찰을 통해 스스로 무엇을 하고 있는지를 자각하게 한다. 선험철학으로서의 칸트 철학은 인간 내면에 장착된 인식 능력이 무엇인지를 탐구함으로써 인간의 타고난 고유한 구조를 밝히고자 하는 철학이다.

이 세 가지 특징의 중심에는 반성이 있다. 반성이란 자신을 들여다보는 작업이다. 이를 통해 우리는 세계를 단순히 수동적으로 받아들이는 존재가 아니라, 세계를 현재의 모습으로, 그리고 그것을 적극적으로 구성해 내는 주체라는 사실을 깨닫게 된다.

'과학적으로 사유한다'는 것은 곧 우리가 몸을 지닌 존재로 살아가는 현실 세계를 사고한다는 뜻이다. 그리고 이 세계 속에서 인간은 단지 관념적인 존재가 아니라, 살아가기 위해 먹고 일하고 움직여야 하는 구체적인 몸을 지닌 동물적 존재이기도 하다. 그러나 칸트는 인간이 다른 동물들과 같은 생물학적 존재에 그치는 것이 아니라, 오직 인간에게만 주어진 선험적 자아를 지닌 아주 독특한 존재임을 『순수이성비판』을 통해 입증한다.

이런 점에서 볼 때 칸트 철학은 궁극적으로 다음과 같은 질문에 도달한다. '인간은 누구인가?' 이 질문은 인간이 자기 자신을 어떻게 생각하고 있는가를 묻는 반성적 질문이다. 이 질문을 통해 인간은 다른 동물들과는 본질적으로 다른 존재라는 점을 자각하게 된다. 이 질문 때문에 인간이 존엄할 수 있는 근거가 마련된다. 이런 점에서 칸트 철학은 한마디로 '인간 존엄의 철학'이다.

순수이성의 비판에서 실천이성의 비판으로

'존엄尊嚴, dignity'이라는 말은 '높을 존尊'과 '엄할 엄嚴'이 결합한 한자어다. 영어에서는 위험, 품위, 품격과 같은 의미로 사용된다. 과거에는 '존엄하다'라는 표현을 주로 임금이나 왕처럼 감히 범접할 수 없을 정도로 높고 엄숙한 존재를 일컫는 데에 사용했다. 그러나 민주주의가 실현되고 모든 개인의 존엄과 인권이 존중받는 오늘날에는 주저 없이 '모든 인간은 존엄하다'라고 말한다.

'인간 존엄성human dignity'이라는 말에는 다음과 같은 뜻이 담겨 있다. 첫째, 인간은 다른 동물과 구별되며, 함부로 무시되거나 이용되어서는 안 된다. 둘째, 인간은 누구나 인간으로서의 권리를 지니며, 그것은 어떤 이유로도 빼앗기거나 짓밟혀서는 안 된다. 셋째, 인간은 품격을 지닌 존재로서 존중받아야 한다.

그렇다면 인간은 왜 존엄한가? 그리고 인간이 존엄하다는 근거는 무엇인가? 『순수이성비판』은, 인간이 동물과 구별되는 반성적 기능을 지닌 존재라는 점에서 인간의 고유한 차별성을 입증했다. 그것은 분명 인간이 존엄할 수 있는 중요한 이유 가운데 하나다. 하지만 『실천이성비판』은 그보다 더 나아가 인간이란 존재가 지닌 한층 더 근원적인 면모를 조명한다.

칸트와 함께 우리는 다음과 같은 물음을 던질 수 있다. '인간은 단지 자연적 존재에 불과한가?', '인간은 자연의 기계적 질서에 갇힌 존재인가?', '인간은 진정으로 자유로울 수 없는 것인가?', '신의 존재나 인간 영혼의 문제에 관

해, "과학적으로는 설명할 수 없다"는 말만으로 과연 충분한가?'

'기계적 질서'란 인과관계, 즉 원인과 결과의 법칙에 따라 설명되는 자연 질서를 뜻한다. 가령 인간은 배가 고프면 음식을 먹어야 하며, 다양한 욕구에 따라 특정한 행동을 하게 된다. 그래서 인간은 자연적인 욕구와 충동에 따라 움직이는 존재처럼 보인다.

하지만 과연 우리는 그런 방식으로만 살아갈까? 아니, 그런 방식으로만 살아가는 것이 인간으로 과연 가능하기나 한 일일까? 인간은 함께 모여 사회를 형성하고 타인과의 다양한 관계 속에서 살아간다. 그리고 단지 생리적 욕구를 충족시키는 것만으로 인간의 삶은 완결되지 않는다. 더욱이 그렇게만 살아가는 삶은 인간 스스로에게 만족감을 주지도 못한다.

우리에게는 순수이성이 담당하는 과학의 영역을 넘어, 인간이 실제로 몸을 지니고 다른 사람들과 함께 살아가는 삶의 영역이 존재한다. 이 삶의 영역, 즉 실천이성의 영역에서 인간은 어떤 모습으로 살아가야 하는지, 그리고 그 삶을 이끄는 이성은 어떤 성격을 지니고 있는지를 묻지 않을 수 없다. 바로 그 질문에 답하고자 하는 것이 『실천이성비판』의 과제다.

메로빈지언의 논리

영화 〈매트릭스: 리로디드〉를 보면 마치 칸트의 철학을 주제로 한 이야기처럼 느껴지는 순간이 있다. 영화 속에서 주인공 네오는 매트릭스 세계가 인간의 생체 에너지에 의해 유지된다는 사실을 알게 된다. 그는 이런 매트릭스 세계를 설계한 아키텍트를 만나기 위해 그가 있는 컴퓨터 방의 열쇠를 찾으려 한다. 네오는 열쇠를 가진 열쇠공을 찾아가지만, 열쇠공은 메로빈지언에게 붙잡혀 있다. 결국 네오 일행은 메로빈지언을 찾아간다.

네오 일행이 방문했을 때 메로빈지언은 아내와 함께 레스토랑 중앙의 테이블에 앉아 있다. 네오 일행과 마주한 메로빈지언은, 인간은 전적으로 자연법칙에 의해 통제되는 존재라고 주장한다. 그 사례로 그는 레스토랑 안에서 빨간 옷을 입고 도도하게 홀로 앉아 있는 매력적인 여성을 가리키며, 그 여성조차도 결국은 자연의 인과율에 따라 반응하는 존재에 불과하다고 말한다.

자기의 말을 입증하기 위해 메로빈지언은 하수인을 시켜 여성에게 케이크 조각 하나를 건넨다. 케이크 안에는 성적 흥분을 유발하는 약물이 들어 있다. 케이크를 먹은 여성은 얼마 지나지 않아 성적 자극을 심하게 느끼고는 자리에서 일어나 화장실로 간다. 아무리 도도한 여성이어도 약물로 인한 물리적 인과성에 따라 자극되는 성적 욕구를 이길 수 없다는 것이 메로빈지언의 주장이다. 메로빈지언은 그 여성을 뒤따라간다.

인간은 물리적 인과율을 어찌할 수 없다는 사실을 보여주려는 이 장면은 매트릭스 세계의 본질을 설명하려는 메로빈지언의 주장과 맞물린다. 그의 주장은 인간을 포함한 모든 존재가 물리적 인과관계 안에서 움직이며, 그 어떤 것도 인과관계의 질서를 벗어날 수 없다는 것이다. 메로빈지언은 이렇게 단언한다.

변하지 않는 것은 단 하나의 진실—인과율이다. 작용과 반작용, 원인과 결과. 선택이란 것은, 힘을 가진 자와 그렇지 않은 자 사이에서 만들어진 허상일 뿐이다.

인과율이란, 원인과 결과 사이의 관계를 규정하는 법칙이다. 물리학에서 인과율은 항상 원인이 결과보다 시간상 먼저 일어나야 한다는 조건을 전제로 한다. 세상의 모든 사건은 원인을 가지고 발생하며, 인과관계 없이 이루어지는 일은 없다고 본다.

메로빈지언의 논리는, 인간에게 진정한 선택의 자유란 존재하지 않으며, 우리는 더 큰 힘에 의해 짜인 틀 안에서 자유롭게 선택하고 있다고 착각할 뿐이라는 것이다. 다시 말해 자연의 법칙이 철저히 조직된 구조 속에서 인간은 오로지 인과율에 따라 움직이고 있을 뿐이라는 주장이다. 여기에는 인간의 선택조차도 인과율이라는 자연법칙의 작용 아래 있으며, 모든 것은 인과적 질서에 종속되어 있다는 믿음이 깔려 있다.

인과율에 따르는 매트릭스의 세계에서 인간은 과연 자

유로운 존재인가? 이런 자유가 없다면 인간은 존엄한 존재일 수 있는가? 매트릭스의 핵심 주제는 바로 '물리적 인과성의 지배를 넘어서려는 인간의 자유가 존재함'을 보이는 데에 있다. 다시 말해 자연법칙이 지배하는 매트릭스 세계와, 그 질서를 극복하고자 하는 자유로운 인간 주체 네오 일행의 의지가 대립하는 장면이 그것이다.

영화에서는 흥미로운 전환이 발생한다. 메로빈지언의 말을 듣고 되돌아가던 네오 일행 앞에 그의 아내가 나타난다. 메로빈지언이 빨간 옷을 입은 여성에게 약물이 든 케이크를 건네고 그녀를 성적으로 자극해 관계를 맺으려 했던 장면을 지켜본 그의 아내는 모욕감을 느끼고 분노한다. 그리고 분노한 아내는 네오 일행이 그토록 찾아 헤매던 열쇠공이 있는 곳으로 그들을 안내한다. 이로써 메로빈지언이 설정해 놓았던 인과의 질서는 어긋나고, 새로운 인과의 흐름이 생성된다. 영화의 줄거리도 이 전환을 기점으로 새로운 전개가 이루어진다.

만약 모든 사건이 인과율에 따라 원인과 결과의 필연적 관계 속에서만 존재한다면, 인간에게 자유란 있을 수 없다.

하지만 자유가 실존한다면, 그것은 단순히 인과의 사슬을 거부하거나 끊어내는 것이 아니라, 과거의 인과 체계에 얽매이지 않고 새로운 인과의 질서를 시작하는 행위로 이해할 수 있다.

자유는 인과율을 무시하는 것이 아니다. 자유란, 새로운 원인을 생성하는 최초의 시작점이 되는 것이다. 그러므로 자유로운 행위란, 새로운 원인을 만드는 행위이며, 자유는 최초의 원인을 열어가는 행동이다. 그 이후의 흐름이 다시 인과적 질서 속에서 이루어진다 할지라도 그 시작에는 자유가 있다.

예컨대, 나에게 어떤 행동을 유도하는 원인이 있다고 하자. 그러나 내가 그 원인을 그대로 따르지 않고 전혀 다른 행동을 선택한다면, 다시 말해 자연적 욕구에 따르지 않고 오히려 의지를 통해 다른 선택을 하게 된다면 나는 그 순간 자유로운 주체인 것이다.

나는 종종 담배를 피우는 사례를 활용한다. 담배는 건강에 해롭다. 그리고 흡연이 건강에 해롭다는 것을 나는 안다. 그런데 나는 담배를 피우고 싶다. 내게는 두 개의 길이 놓여 있다. 욕망을 따라 담배를 피울 것인가, 아니면 내 욕망을 억제하고 담배를 피우지 않는 쪽을 선택할 것인가. 이런 상황은 마치 내가 자유로운 선택의 갈림길에 서 있는 것처럼 느껴지며, 어느 쪽을 선택하든 그것은 나의 자유인 것처럼 느껴진다.

그런데 칸트의 철학에 따르면, 내가 담배를 피우는 선택을 할 때 그것은 사실상 나의 자유로운 선택이 아니다. 그것은 내 욕망에 이끌리는 행위를 하는 것뿐이다. 오직 담배를 피우지 않겠다는 선택을 할 때만 나는 자유로운 선택을 하는 것이다. 이때만 나는 자유를 행사하며, 자유로운 존재로서 행위를 하는 것이다.

자유로운 행위는 새로운 원인을 생성한다. 그 원인의 결과로써 다시 인과적 질서가 이어진다. 담배를 피우는 행위는 그에 앞선 욕망에 인과적으로 반응한 것이다. 인간의 자유는 의지를 통해 내린 결정에 따라 성립한다. 칸트의 『실천이성비판』은 바로 이런 의지의 문제를 탐구하며, 이 문제의식이 우리를 순수이성의 영역에서 실천이성의 영역으로 이끈다.

인간 존엄의 근거

인간이 존엄한 존재인 이유는 인간이 단지 외적인 원인에 따라 움직이는 존재가 아니라 자기의 뜻에 따라 자유롭게 행위할 수 있는 존재이기 때문이다. 우리를 둘러싼 환경뿐만 아니라 우리 내부에 있는 욕망도 인과율에 따라 움직인다. 내 움직임의 원인이 나에게 있지 않다면, 그래서 내가 나 아닌 다른 것에 의해 움직인다면 우리는 자유롭지 못하다. 내 욕망에 따라 움직이는 것이 내 선택으로 자유롭게 움직이는 것처럼 보이더라도, 그것은 자유가 아니다.

내 존엄의 근거는 내가 나의 삶을 내가 정하는 목표와 방식에 따라 꾸려나갈 수 있다는 데에 있다. 인간은 그런 존재다. 인간이 자유로울 수 있는 한 인간은 존엄하다. 그리고 칸트는 이 자유를 도덕으로 설명한다.

**행복한
삶과
옳은 삶**

02

도덕과 윤리의 차이

칸트의 도덕철학을 대표하는 주요 저작으로는 『도덕 형이상학 기초 놓기』(1785), 『실천이성비판』(1788), 그리고 『도덕 형이상학』(1797)을 들 수 있다. 그중 『도덕 형이상학 기초 놓기』는 칸트 도덕철학의 정수가 담겨 있는 핵심 저작이며, 가장 짧은 저술이다. 그 이후에 나온 『실천이성비판』은 도덕의 문제를 이보다 훨씬 더 넓은 차원에서 다루며, 신의 존재, 영혼의 불멸성 같은 물음에까지 접근한다. 이 문제들에 대해 칸트는 『순수이성비판』에서와는 전혀 다른 방식으로, 즉 실천이성의 관점에서 답을 제시한다.

결론부터 말하자면, 칸트는 실천이성의 관점에서 "신은 존재해야 하며, 영혼은 불멸해야 한다"고 주장한다. 이 주장의 의미를 곱씹으며 읽을 때 우리는 철학이 제기하는 또 다른 깊은 차원의 사유와 마주할 수 있다. 독자들에게 권하고 싶은 저작은 바로 『도덕 형이상학 기초 놓기』이다. 이는 『도덕 형이상학 정초』라는 제목으로 번역 출간되어 있기도 하고, 어떤 교수는 『윤리 형이상학 정초』라는 제목으로 새로 번역 출간하기도 했다. 모두가 같은 책의 번역서이지만, 어떤 번역서는 '도덕'을, 다른 번역서는 '윤리'를 제목으로 사용하고 있다.

『도덕 형이상학 기초 놓기』의 독일어 원서 제목은 'Grundlegung der Metaphysik der Sitten'이다. 여기서 사용된 'Sitten'의 원래 의미는 '도덕'보다는 '윤리'에 가깝다. 영어 번역본 제목은 'Elements of Moral Metaphysics'이며, 여기에는 도덕을 의미하는 'moral'이 사용되고 있다. 두 종류의 번역 가운데 어떤 것이 더 타당한지를 알아보려면, '도덕^{morality}'과 '윤리^{ethics}'의 개념 차이를 이해해야 한다. 이

둘을 잘 구별하면 칸트의 실천철학의 특징을 올바로 이해할 수 있다. 다만 칸트 자신은 이 두 용어를 엄격하게 구분하지 않고 혼용하는 편이었다.

'도덕道德'은 영어로 'morality'이며, 그것의 형용사형인 'moral'은 '정신적 태도'를 의미하는 라틴어 'mores'에서 유래했다. 'e'가 하나 더 붙은 'morale'은 '사기', '의욕'을 뜻하며, 이들 모두는 인간의 정신적 자세와 관련된 단어들이다. 예를 들어 사기가 충천한 한 사람은 열 사람을 상대할 수 있다. 반대로 사기가 꺾인 백 명은 사기가 넘치는 열 사람을 상대로도 힘을 쓰지 못한다. 이 차이는 곧 정신력의 차이이며, 그 힘은 바로 정신에서 비롯된다. '도덕'이라는 말은 이처럼 정신에서 우러나오는 원리나 힘을 말할 때 사용하는 단어다. '어떻게 살아야 하는가'라는 물음에 대해 인간의 정신적 원리와 자세 속에서 답을 찾고자 할 때, 우리는 그것을 도덕 혹은 도덕철학이라고 부른다.

'윤리倫理'는 영어로 'ethics'이며, 성격이나 관습을 의미하는 그리스어 'ethos'에서 유래했다. 'ethos'는 한 사회가 오랜 시간에 걸쳐 함께 살아오며 형성한, 일종의 문화적 침전물을 가리키는 단어다. 공동체 속에는 오랜 세월 동안 전승되어 온 삶의 방식과 행동의 원리가 존재한다. 예를 들어 정직해야 한다, 다른 사람에게 친절해야 한다 등과 같은 일반적인 덕목에서부터, 어른들에게는 머리 숙여 절해야 한다는 식의 특정 지역과 시대에만 통용되는 덕목들이 있다. 이런 삶의 방식과 규범이 곧 윤리이며, 이런 전통과 관습을 근거로 성립된 실천철학이 윤리학이다.

도덕 개념과 윤리 개념을 철저히 구분해 사용한 철학자는 칸트 이후에 등장한 헤겔이다. 헤겔은 『정신현상학』에서 자신은 윤리 혹은 인륜Sittlichkeit을 다루고, 칸트는 도덕Moralität을 다루었다고 말한다. 헤겔은 칸트의 도덕철학을 비판하며 자신의 윤리학을 그것과 차별화했고, 그 이후 이 구분은 오늘날까지도 통용되는 하나의 상식으로 자리 잡았다. 이런 배경을 고려할 때 칸트 철학은 윤리학이라기보다 '도덕철학moral philosophy'으로 규정하는 편이 더 정확하다.

헤겔은 칸트의 실천철학을 비판하면서, 칸트는 이성의 반성적 사유를 통해 도덕법칙을 발견하려는 기획에 머물러 있다고 지적했다. 헤겔은 이성의 자기반성에 머물지 않고 현실의 삶을 철학 안으로 끌어들이는 기획을 시도했다. 이런 기획 때문에 헤겔은 도덕을 넘어 윤리의 차원으로 나아갔다.

좋은 삶과 행복

헤겔이 말한 인륜적 삶, 즉 윤리에 대한 이론은 이미 고대 그리스의 아리스토텔레스에게서부터 체계적으로 나타난다. 아리스토텔레스의 윤리에 관한 책은 여러 권이 있지만 그중 『니코마코스 윤리학』이 대표적이다.

아리스토텔레스의 『니코마코스 윤리학』은 "모든 인간은 행복을 추구한다"라는 말로 시작한다. 여기서 '행복'을 말하는 그리스어는 '에우다이모니아 eudaimonia'다. 우리가 익숙하게 사용하는 영어 단어 'happiness'는 일반적으로 감정적이거나 정서적인 만족감, 혹은 쾌감을 의미하는 경우가 많지만, 에우다이모니아는 그것과는 다르다.

에우다이모니아는 '좋은'을 뜻하는 '에우 eu'와 개인의 참모습 혹은 내면의 운명을 지닌 존재를 뜻하는 '다이몬 daimon'이 결합한 말이다. 따라서 아리스토텔레스가 말하는 행복이란, '나의 참모습이 좋은 모습으로 실현되는 상태', 곧 인간 고유의 가능성이 최선으로 발현된 상태를 의미한다.

'다이몬'이라는 개념을 조금 더 구체적으로 풀어보자. 예를 들어 내가 누군가를 만나기 위해 그와 어울리는 옷을 차려입고, 그에 걸맞은 말투나 태도를 연출한다면 이는 내가 외부를 향해 의도적으로 만든 모습이다. 하지만 그 사람은 반드시 내가 원하는 방식으로 나를 보아주진 않는다. 내가 의도한 이미지와 전혀 다른 방식으로 나를 인식할 수도 있고, 오히려 내가 미처 인식하지 못한 나의 진면목을 간파할 수도 있다. 그렇게 타인의 시선 속에 비친 '내 참모습', 내가 모르는 나의 본래 모습은 후광처럼 나를 따라다닌다. 나조차 알지 못하는 내 안의 본성, 혹은 내 존재의 깊은 핵을 고대 그리스인들은 다이몬이라고 불렀다.

그런 진정한 자아가 참으로 좋은 모습을 갖게 되는 것, 바로 이것이 에우다이모니아의 핵심이다. 행복이란 그런 나의 참모습이 '좋은 모습으로 존재하는 상태'를 뜻한다.

여기서 주목할 개념은 바로 '좋음good'이다. 다만 이때의 좋음이란 우리가 흔히 말하는 '좋은 게 좋은 거야'라는 식의 상황 회피적이며 상대적인 좋음과는 질적으로 다르다. 좋은 삶이란 무엇일까? 그저 제멋대로 즐기고 욕망을 좇으며 사는 삶을 '좋은 삶'이라고 부르기는 어렵다. 진정으로 좋은 삶이란, 다른 이들과 더불어 살아가는 사회 속에서 특정한 삶의 태도와 품격을 갖추고 살아가는 삶이다. 그런 삶의 모습은 일시적이고 우연한 모습으로 그쳐서는 안 되며, 삶 전체에서 반복적으로 지속되어야 하기에 좋음을 이루는 요소가 삶 속에서 체화되어야 한다. 좋음을 이루는 요소가 실천을 통해 반복되고 쌓이는 삶의 태도를 '덕virtue'이라고 부른다. 덕을 이룬 삶이 좋은 삶의 핵심 요소다.

덕을 바탕으로 좋은 삶을 이루려면 우리에게는 지혜와 좋은 판단력phronēsis(실천적 지혜), 그리고 지식epistēmē이 필요하다. 지혜는 우리의 삶 전체를 이끌어 주는 방향성이며, 철학을 통해 갖게 된다. 좋은 판단력은 구체적인 환경 안에서 상황과 관계에 대한 적절한 이해를 토대로 좋은 선택을 할 수 있는 능력이다. 그리고 구체적인 환경에 대해 적절한 지식을 갖추어야 그런 판단이 빛을 발한다. 적절한 지식을 바탕으로 지혜가 이끄는 가치와 방향에 따라 좋은 판단을 이루는 삶이 훌륭한 삶이다.

이런 의미에서 행복은 좋은 삶의 외피라고 말할 수 있다. 아리스토텔레스는 고대 그리스 사회에서 인간이 어떻게 그런 행복을 이루어낼 수 있는지를 윤리학의 이름으로 풀어냈다. 헤겔은 근대 사회에서 개인이 어떻게 사회와 관계를 맺으면서 자아를 실현할 수 있는지를 인륜적 삶이라는 이름으로 설명했다. 여기서 개인은 공동체 안에서 다른 사람들과 관계를 맺는 가운데 좋은 삶을 지향하는 존재로 이해할 수 있다.

좋은 삶과 옳은 삶은 항상 일치하는가

칸트의 문제의식은 '좋은 삶이 항상 옳은 삶일 수 있는가?'라는 데에 있다. 즉, 좋음과 옳음이 반드시 일치하진 않는다는 것이다.

세속적 행복을 얻으려면 우리는 우리의 욕망에 집중하면 된다. 행복한 삶은 내가 원하는 것을 잘 이루어내는 삶이다. 그러려면 우리는 일차적으로 본능의 욕구에 삶의 초점을 맞추고 그것이 공동체 안에서 잘 실현되도록 하는 데에 집중하면 된다. 소확행, 즉 '소소하고 확실한 행복'이란 자신의 욕구를 최소화하고 자신의 힘으로 그 욕구를 확인하고 충족해 나가는 삶을 이룰 때 가능하다.

아리스토텔레스는 소확행이 아니라 자신이 속한 공동체 사람들과 어우러지면서 일구는 좋은 삶, 즉 행복을 추구했다. 그런데 사회 속에서 나의 행복을 추구하는 삶은 종종 '그것이 옳은가?'라는 질문의 도전을 받는다. 그것이 좋다는 것은 알고 있지만, 과연 그것이 옳은 일일까? 이 질문은 나의 욕망과 본능에 집중해서는 해결되지 않는다. 나를 행복하게 하는 것에 집중하는 대신, 내 행위가 옳은 것이 되게 하는 기준을 찾아야 한다. 칸트는 윤리학의 이름으로 그 기준을 찾으려 했고, 우리는 그의 윤리학을 도덕철학이라고 부른다. 그의 질문은 '인간은 어떻게 도덕적일 수 있을까?'에 집중하고 있기 때문이다.

아리스토텔레스에게는 좋음과 윤리가 행복으로 수렴되었으나, 칸트는 행복한 삶이 좋은 삶과 일치하지 않는다는 데에 주목했다. 그런데 지금까지의 설명에 대해 독자들은 곧바로 이런 질문을 던질 수 있다. '아리스토텔레스가 말한 행복과 칸트가 말한 행복이 같은 것인가?'라는 질문이다. 이 질문은 전적으로 옳다. 칸트가 말하는 행복 추구의 방식은 아리스토텔레스가 말하는 행복 추구의 길이 아니다. 우리가 일상어로 사용하는 '행복'이라는 말은 아리스토텔레스가 말한 '에우다이모니아'와는 다소 거리가 있지만, 칸트가 말한 행복과는 차이가 없다.

칸트는 우리의 현대와 연속되는 근대의 인물이고, 아리스토텔레스는 시간적으로도 언어적으로도 우리와는 큰 간극이 있다. 아리스토텔레스는 칸트가 말하는 도덕적 삶까지 포함해 좋은 삶에 대한 그림을 그렸다고 말할 수도 있다. 칸트는 근대의 맥락에서, 그리고 아리스토텔레스의 철학이 2000년 동안 서구에 끼쳐온 영향력의 시작점에서 '행복'을 중심으로 살아가는 삶의 행태를 비판한다고 말할 수 있다. 더욱이 칸트의 시대는 근대 자본주의의 발달로 인해 이질적인 사회가 서로 많은 접점을 이루던 시대였기에, 문화적 차이를 넘어 통용될 수 있는 옳은 삶의 길을 찾은 것이라고 말할 수 있다.

칸트는 인간이 도덕적인 존재로 살아가기 위해 어떤 기준에 따라 행위해야 하는지를 명확하게 밝히고자 했다. 그리고 그는 도덕적 행위의 기준을 명확하게 제시한 최초의 철학자로 평가받는다. 그는 '좋음'이 아니라 '옳음right'의 기준을 정립하고자 한 것이다. 그 기준이 바로 많은 사람들이 '정언명법'이라는 이름으로 알고 있는 그것이다. 칸트는 '도덕의 기준' 자체를 한 문장으로 명확히 정식화한 최초의 철학자였다.

행동과 행위

칸트의 도덕철학을 이해하기 위해서는 '행동behavior'과 '행위action'의 차이도 유의해야 한다. 행동은 인간이 신체로 수행하는 모든 활동을 뜻하며, 그 안에는 본능적이거나 습관적인 움직임도 포함된다. 반면 행위는 생각과 의지를 수반해 이루어지는 행동을 가리킨다. 행동에는 행위가 포함되지만, 모든 행동이 행위인 것은 아니다.

예를 들어 외출 후 집에 돌아왔는데 밥이 한 그릇밖에 없다. 곧 어린아이가 포함된 가족들이 돌아올 예정이고, 그들 또한 몹시 배가 고플 시간이다. 이때 나는 나의 배고픔에 따라 그 밥을 먹어버릴 수도 있고, 가족을 생각해 밥을 남겨두거나 새로 지을 수도 있다. 아무런 생각 없이 욕구 충족에만 몰두해 밥을 먹는다면, 그것은 단순한 자극에 반응한 행동이다. 그러나 상황을 고려하고 욕구를 절제하며 다른 선택을 한다면, 그것은 의지와 판단이 개입된 행위다. 행동은 인과적 자극에 따른 반응이고, 행위는 사유와 결단이 작동하는 움직임이다. 칸트는 바로 이 행위에 대해 도덕적 평가가 가능하다고 보았다.

한 인간의 삶에는 자극에 반응하듯 이루어지는 움직임도 있고, 생각과 결심을 거쳐 이루어지는 실천도 있다. 일상에서는 이 단어를 구분하지 않고 사용하지만, 철학적으로 두 단어의 의미는 차이가 크다.

심리학의 한 분파인 행동주의는 관찰이 가능한 행동만을 분석의 대상으로 삼는다. 이 이론은 인간의 모든 반응을 자극과 반응의 연쇄로 설명하며, 인간 역시 동물과 다르지 않다고 본다. 앞서 살펴본 영화 〈매트릭스: 리로디드〉의 메로빈지언처럼, 자유나 의지를 환상으로 간주하고 인과율의 지배를 강조하는 입장이기도 하다.

이에 비해 칸트는 단순한 반응이 아니라 의식적이고 자율적인 결정을 중시한다. 그는 어떤 행위가 도덕적이기 위해서는 사유가 작용하고 그에 따른 의지가 분명히 작동해야 한다고 본다. 이때 인간은 단순히 자극에 휘둘리는 존재가 아니라, 욕구를 절제하고 스스로 행위의 방향을 설정하는 도덕적 주체가 된다. 다음은 칸트의 『실천이성비판』 맺음말의 첫머리이자 칸트의 묘비명이기도 하다.

그것에 대해서 자주 그리고 오래 숙고하면 할수록, 점점 더 새롭고 커지는 경탄과 외경으로 마음을 채우는 두 가지가 있다. 그것은 내 위의 별이 총총히 빛나는 하늘과 내 안의 도덕법칙이다.

이 문장에서 방점은 '내 안의 도덕법칙'에 있다. 도덕법칙은 나의 외부에서 어떤 규율로 주어지는 것이 아니다. 행위하는 주체인 나 자신 안에, 나의 정신 가운데 내가 따라야 할 도덕법칙이 이미 자리 잡고 있다는 것이다. 마치 하늘에 총총히 빛나는 별처럼 내 속에 도덕법칙이 명징하게 존재하고 있다. 그렇다면 칸트가 말한 이 도덕법칙이란 도대체 무엇인가? 그리고 이 도덕법칙을 우리는 어떻게 알 수 있는가? 이제부터 이 물음의 답을 찾아가 보자.

도덕법칙은
어떻게
발견되는가

03

무조건 선한 것은 선의지뿐이다

칸트의 도덕철학에서 가장 먼저 제기되는 질문은, '무조건적으로 선한 것이 과연 존재하는가?'이다. 여기서 '무조건적 선'이란 그 선함을 부정할 수 있는 어떤 조건도 허용하지 않는, 절대적이고 논리적 예외가 없는 선을 의미한다. 칸트는 이에 대해, 무조건적으로 선한 것은 오직 선의지 good will 뿐이라고 단언한다.

이때 말하는 무조건적 선 unconditional good 은 흔히 말하는 본래적 선 intrinsic good 과는 다르다. 본래적 선은 그 자체로 좋은 것이며, 도구적 선$^{instrumental\ good}$과 구별된다. 도구적 선은 다른 어떤 것을 통해 선하게 여겨지는 가치다. 예컨대 돈은 합의된 교환 수단으로서 무언가를 구매할 때 사용되는데, 그렇게 삶을 좀 더 편리하게 만들거나 생존을 도울 수 있기 때문에 선하다고 여겨지는 대표적인 도구적 선이다.

이에 반해 본래적 선은 그 자체로 추구할 가치가 있는 것이며, 그 자체가 가지고 있는 성질에 따라 선한 것이다. 아리스토텔레스는 인간의 생명이란 수단이 될 수 없는, 그 자체로 중요한 본래의 선이라고 보았다. 행복 또한 그 자체가 목적이라는 점에서 본래적 선에 속한다. 그런데 모든 본래적 선이 무조건적 선은 아니다. 예를 들어 우정은 본래적 선이지만 어떤 경우에는 타인에게 해가 될 수도 있다. 그러므로 우정을 무조건적 선이라고 말할 수는 없다. 칸트는 행복조차 무조건적 선으로 보지 않는다. 악한 수단을 통해 욕구하는 행복은 정당한 행복이 아니며, 그 경우 선한 것이 아니라 오히려 비도덕적 목적으로 의심받을 수 있다.

여기서 우리는 '선' 개념의 의미가 가진 모호성을 지적해야 한다. 우리가 일상에서 사용하는 '선'이라는 단어는 이중적인 의미를 지니기 때문이다. 그 의미 중 하나는 '나에게 유익해서 좋은 것'이고, 다른 하나는 '도덕적으로 옳고 바람직한 것'이다. 보통은 이 두 의미가 뒤섞여 쓰이지만, 현실에서는 이용 가능성이나 효용성, 즉 유익함에 더 가까운 뉘앙스로 사용되는 경우가 많다. 영어 표현에서 'the good'이 때로는 재화財貨라는 의미로도 쓰인다는 점은 '선' 개념의 이런 특성을 잘 보여준다.

칸트는 '무조건'이라는 단어를 사용할 때 선은 조건에 구애받아서는 안 된다는 점을 꼬집는다. 조건이란 말은 어떤 목표나 결과와 연관되는데, 무조건이란 말은 결과와 상관없이 이루어지는 것을 뜻한다. 무엇을 무조건 받아들인다고 할 때, 우리는 그것이 어떤 결과를 낳든지 간에 그것을 감수하면서 받아들인다는 의미다. 그래서 이처럼 무조건적인 선을 추구하려 할 때 우리는 결과를 염두에 두기보다는 그 동기에 초점을 맞출 수밖에 없다. 바로 이런 점에서 '선'을 추구하는 일은 만족이나 유익이나 목표의 성취 문제가 아니라, '옳음'을 찾는 일이 된다.

칸트는 도덕철학의 출발점에서 '무조건적으로 선한 것

이 과연 존재하는가?'라는 질문을 던진다. 그에 따르면, 조건 없이 언제나 선하다고 말할 수 있는 유일한 것은 선의지뿐이다. 이는 결과와 무관하게 그 자체로 선한 의지를 의미한다. 칸트는 선한 의지로 행한 일이 예상치 못한 나쁜 결과를 낳을 수도 있지만, 결과의 좋고 나쁨이 도덕성을 판단하는 기준이 될 수 없다고 생각했다. 왜냐하면 행위의 결과는 종종 우연에 따라 좌우되기 때문이며, 인간은 결과를 완전히 통제할 수 없기 때문이다. 도덕적 가치 판단을 결과가 아니라 의도와 의지, 곧 행위가 어떤 판단에 따라 이루어졌는지를 기준으로 삼을 때, 선의지가 그 자체로 완전한 가치를 지닌 것, 자기 안에서 스스로 빛나는 것임을 알 수 있다.

경향성과 의무

칸트는 인간의 본능적 욕구나 충동 혹은 본성적 끌림을 '경향성^{inclination}'이라고 부른다. 이는 우리가 어떤 행위를 하고 싶어지는 감정적이고 자연적인 끌림을 의미한다. 우리가 어떤 선을 행할 때 그렇게 하고 싶어서 할 때가 있다. 타인에게 친절을 베풀고 싶어서 친절하고, 기부를 하고 싶어서 기부금을 내는 경우도 있다. 그런데 칸트는 그런 마음이 일어나지 않는다면 어떻게 할 것인가를 묻는다. 정직하고 싶지 않을 때, 위기에 빠진 이웃을 돕고 싶지 않을 때, 이럴 때는 선을 행하지 않아도 되는 것일까?

내가 경향성에 끌려 어떤 행위를 한다면, 그것은 내가 생각하고 판단을 내려 선택한 일이 아니다. 마음이 이끌려 행한 행동의 원인은 나의 본성이든 우연한 마음의 행로이든, 혹은 욕망이든 간에 그것은 나의 생각에 따른 판단으로 선택한 것이 아니다. 그런 행위는 도덕과 무관하다. 도덕적이려면 내가 욕구의 영향력에 끌려가지 않아야 하고, 이성적으로 마땅히 해야 할 것을 의지적으로 선택해야 한다. 내가 하고 싶어서 하는 일이 아니라, 내가 해야 하기 때문에 하는 일이 도덕적이다.

내가 하고 싶은 일과 해야 하는 일이 우연히 일치할 수도 있고, 그렇지 않을 수도 있다. 중요한 것은 내가 하고 싶은 일을 하는 것이 아니라, 내가 해야 하는 일을 하는 것이다. 여기에 도덕적 가치가 있다. 어떤 행동이 겉으로는 도덕적으로 보일 수 있지만, 그것이 단지 동정심이나 기분에 따른 것이라면 칸트는 그 행위에 도덕적 가치를 부여하지 않는다. 그것은 해야 하기 때문에 한 행위가 아니라, 하고 싶어서 한 행위이기 때문이다.

마땅히 해야 할 일, 이것을 우리는 의무라고 부른다. 의무와 경향성은 본질적으로 대립한다. 진정한 도덕적 행위란 욕망이나 이익이 아니라 오직 의무의 인식에 따라 이루어진 행위다. 이는 곧 도덕적 행위가 결과나 감정이 아닌 행위의 동기, 즉 의지에서 출발해야 함을 뜻한다.

도덕적 가치는 단지 좋은 결과를 기대해서, 혹은 외부 보상이나 칭찬을 염두에 두고 이루어진 행위에는 담기지 않는다. 오직 도덕적으로 선한 것을 행해야 한다는 자각, 즉 의무에 대한 인식에 따라 행위를 했을 때만 도덕적 가치가 생긴다. 따라서 도덕적 행위는 단순히 '무엇 때문에' 하는 행위가 아니라, '그렇게 해야 하기 때문에' 행하는 것이다. 다시 말해 선함 그 자체의 요청에 응답하는 행위다.

그래서 칸트는 '무조건적 선'이라는 표현을 사용했다.

칸트는 도덕을 의무에 근거한 판단과 실천의 문제로 이해했기 때문에, 그의 도덕론은 흔히 '의무론적deontological 윤리설'이라고 불린다. 이 영어 표현에 사용된 'deon'은 '마땅히 해야 할 것', 즉 의무를 뜻하는 그리스어다. '선'을 중심으로 생각하는 윤리설, 즉 어떤 좋은 목적을 설정하고 그것을 지향하는 것을 '윤리적'이라고 보는 입장은 '목적론적teleological 윤리설'이라고 불린다. 이 영어 표현에는 목적을 의미하는 그리스어 'telos'가 사용되었다. 의무를 중심으로 우리의 행위를 생각할 때 비로소 인간은 자신의 자연적 본성, 즉 욕구와 감정을 넘어 도덕법칙에 따라 자율적으로 자신을 이끌어가는 존재가 된다.

선의지와 법칙

칸트는 선의지만이 무조건 선한 것이라고 했다. 그런데 칸트의 도덕철학에서 가장 중요한 지점은 그가 우리가 따라야 할 도덕법칙을 발견했다는 것이다. 잘 알려진 대로 그가 발견한 도덕법칙은 '정언명법'이라고 불린다. 그러면 선의지에 대한 논의에서 어떻게 정언명법의 발견으로 이어지는 것일까? 여기에 칸트의 흥미로운 논리가 들어가며, 이 논리가 칸트 도덕철학의 특징을 잘 드러낸다.

우선 칸트가 무조건적 선으로 간주한 선의지가 선의 good intention와 어떻게 다른지 살펴보자. 오래된 격언 가운데 '지옥으로 가는 길은 선의로 포장되어 있다The road to hell is paved with good intentions'라는 말이 있다. 이 격언에 따르면 선의는 악한 결과를 낳을 수 있을 뿐만 아니라, 자신의 악행을 포장하는 의도로 사용될 수도 있다.

칸트에게 선의와 선의지는 명백히 구분된다. 선의라는 표현은 어떤 행위가 이루어졌고, 그 행위의 의도가 무엇인지를 말하는 맥락에서 사용된다. 이때 선의에는 내 의지가 선했다는 것과 선한 목적을 의도했다는 두 가지 의미가 포함된다. 선한 의지와 선한 목적을 의도했기 때문에, 그것이 초래한 나쁜 결과에도 불구하고 '나는 나쁜 사람이 아니다' 혹은 '내 행위 자체는 도덕적으로 선했다'라는 생각을 전달하고 싶을 때 "그것은 선의로 한 행위였다"고 말한다. 그러나 선의지는 결과와 목적을 고려하지 않는다. 선의지란 선의에 포함될 수 있으나, 선의지는 특정 목적이나 내용과는 연결되지 않는다. 따라서 칸트에게 선의지는 도덕적 행위의 유일한 근거이지만, 선의는 무조건적 선의 지위를 가질 수 없다. 선의는 그것이 선한 결과를 가져오는 한에서 정당화될 수 있다.

도덕적 행위는 어떤 내용이나 목적을 위한 것이어서는 안 된다. 도덕적 행위는 오직 동기하고만 연관된다. 어떤 행위의 동기가 내용 혹은 목적과 무관하게 작용하려면 동기는 오직 형식form에 따라 작용해야만 한다. 내용이 없는 형식을 따를 때 동기는 목적과 무관할 수 있다.

개인이 도덕적이려면 그의 행위는 특정 내용이나 목적을 지향해서는 안 된다. 개인의 도덕적 행위는 그때그때의 상황에 따라 달라져서는 안 되며, 그때그때 갖는 목적에 따라 달라져서도 안 된다. 이는 도덕적 행위의 동기는 어떤 형식을 따라야 한다는 것이며, 도덕적 행위는 곧 원칙을 따르는 것이어야 한다는 말이다. 도덕적 행위는 원칙에 입각한 행위여야만 한다.

그런데 우리의 일상은 항상 특수한 상황에서 일어난다. 특정한 시간과 공간, 특정한 맥락 가운데 이루어지는 것이 우리의 삶이며, 따라서 우리의 행위는 항상 구체적이다. 그렇다면 우리의 구체적인 행위가 도덕적이려면 어떻게 해야 하는가? 칸트의 방식으로 접근하면, 우리가 행하는 구체적인 행위 자체가 하나의 원칙에 입각한 것이어야 하고, 그 원칙은 도덕법칙을 따르는 것이어야 한다.

도덕이 문제가 되는 상황을 예로 들어 보자. 나는 갑자기 돈이 필요한 상황에 놓였다. 10만 원이 있어야 문제를 해결할 수 있는데, 내게 그 돈이 없어서 친구에게 빌리려고 한다. 돈을 빌릴 때는 그 돈을 어떻게 갚겠다는 약속이 필요하다. 이제 두 가지의 길이 있다. 그 약속을 지키겠다는 생각으로 돈을 빌리든가, 돈을 갚을 생각 없이 기만적으로 돈을 빌리는 것이다. 이 가운데 도덕적인 것은 무엇인가? 우리는 기만적으로 돈을 빌리려는 것이 나쁘다는 것을 안다. 이때 중요한 것은 왜, 어떤 근거에서 그것이 도덕적으로 나쁘다고 판단할 수 있는가이다.

이 상황에 칸트의 도덕철학을 적용해 보자. 칸트는 도덕적이려면 내용과 목적에 무관하게 의무에 따른 행동을 해야 하며, 의무에 따르는 행동은 형식과 관련된, 원칙에 입각한 것이어야 한다. 그래서 내가 하려는 행위에서 구체적인 내용은 배제하고 내 행위의 원칙을 찾아야 한다. 위의 사례에서 구체적인 내용이란 돈을 빌릴 대상이나 빌리려는 액수다. 원칙에 해당하는 것은 빌린다는 것과 약속하는 것이다. 따라서 내가 하려는 행위는 '진실한 약속을 할 것인가' 또는 '거짓된 약속을 할 것인가'이고, 이 가운데 도덕적인 것을 찾아야 한다. 이처럼 구체적인 행위의 형식적인 부분을 도출해 형성한 것을 '내 행위의 준칙maxim'이라고 부른다.

우리가 도덕적인 행위를 하려면 내 행위의 형식인 준칙이 도덕법칙에 부합하는지를 물어야 한다. 그러면 도덕법칙은 어떻게 발견되는가? 그것은 외적 권위에 의해 주어져서는 안 된다. 외적 권위는 도덕성을 보장하지 못하며, 인간을 자유롭지 않게 만들기 때문이다.

도덕법칙은 특정 행위가 벌어지는 상황에서 요구되는

특정한 대상이나 결과 혹은 목적과 무관해야 한다. 도덕법칙은 상황에 따라 달라져서는 안 된다. 도덕법칙은 그것을 따르고 싶거나 따르고 싶지 않은 것과 상관없이, 즉 행위자의 경향성과 무관하게 따라야 한다. 그래서 의무가 된다. 법칙은 형식적인 규정이다. 도덕의 원리는 항상 법칙의 모습을 갖는다. 도덕법칙은 형식적 규정이어야 하며, 상황과 무관하게 항상 적용되어야 한다.

예를 들어 '진실은 말한다'라는 명제가 도덕법칙이 되려면 그것은 그 어떤 상황과도 무관하게 행해져야 한다. 따라서 도덕법칙은 항상 보편적으로 적용할 수 있는 보편명제의 특성을 가져야 한다. 의무에 의한 행동은 이런 법칙에 대한 존중으로 생겨난다.

원칙과 법칙에 대한 관념은 오직 이성적 존재만이 가질 수 있다. 도덕에 있어서 이성의 역할은 행복 혹은 경향성의 목적을 증진하는 것이 아니다. 이성은 경향성의 대상을 잘 얻게 하는 원리를 발견할 수 있다. 그러나 그것은 도덕과는 무관하다. 그것은 공리주의의 원리이며, 이때의 이성은 도구적으로 작용한다. 그러나 이성은 우리가 도덕적이 되는 도덕법칙을 제공할 수 있다. 도덕법칙이 이성에서 나오는 이유는 이성만이 보편성과 필연성을 확보해 주기 때문이다.

실천이성과 정언명법

칸트가 말한 실천이성은 행위자가 자신 안에서 '무엇을 해야 하는가?'에 대한 기준을 발견하고 그에 따라 자신의 도덕성을 스스로 판단하고 따르는 능력이다. 어떤 행위가 도덕적이려면 그 행위의 준칙이 도덕법칙을 따라야 한다. 어떤 행위의 도덕성은 그 행위의 준칙이 보편적 도덕법칙을 따르고 있는가에 따라 달라지며, 그때의 도덕법칙은 보편성을 갖는지 아닌지에 달려 있다. 어떤 행위의 준칙이 도덕법칙과 일치하지 않는다면, 즉 보편화할 수 없다면 그 행위는 도덕적이지 않다.

도덕법칙은 특정한 행위가 아니라, 그 행위가 속하는 유형 전체에 적용되는 보편적 규칙이다. 다시 말해 그것은 상황에 따라 달라지는 일시적 지시가 아니라, 조건 없이 모든 사람에게 적용이 가능한 보편 명제의 형태를 띤다. 예를 들어 '진실을 말하라'라는 명령은 단순한 지시가 아니라, 언제 어디서나 반복할 수 있고 일반화가 가능한 보편적 법칙이다. 이런 보편성 혹은 보편화 가능성이 도덕법칙의 핵심이다.

친구에게 돈을 빌리려고 하는 앞의 사례를 다시 살펴보자. 내가 선택하려는 행위의 준칙은 '진실한 약속을 할 것인가' 또는 '거짓된 약속을 할 것인가'이며, 이때 내가 도덕적이려면 이 준칙 가운데 도덕적인 준칙을 선택해야 한다. 우리가 도덕적이려면 이 둘 가운데 어떤 것을 선택해야 하는가?

각각의 준칙에 대해 도덕법칙의 핵심인 보편화가 가능한지를 따져보자. '진실한 약속을 한다'는 명제를 보편화해 보면, '모든 사람이 어떤 상황에서도 항상 진실한 약속을 한다'라는 것이 된다. '거짓된 약속을 한다'를 보편화해 보면, '모든 사람이 어떤 상황에서도 항상 거짓된 약속을 한다'라는 것이 된다. 이 두 명제 가운데 어떤 것이 실제로 보편화될 것인가?

말로는 어떤 문장이든 다 만들 수 있지만, 실제로 보편화가 가능한지를 따져본다면 후자의 명제는 보편화될 수 없다. 모든 사람이 어떤 상황에서도 항상 거짓된 약속을 한다면 이 세상에는 약속이라는 것 자체가 존재할 수 없기 때문이다. 누구나 거짓으로 약속한다는 것이 법칙이라면 누구도 그 약속을 믿고 돈을 빌려주진 않을 것이다. 이처럼 '거짓된 약속을 한다'를 보편화한 '모든 사람이 어떤 상황에서도 항상 거짓된 약속을 한다'는 명제는 그 자체가 가능할 수 없는 말이다. 즉, 거짓 약속을 보편화하면 그것은 스스로 존립할 수 없는 자기모순에 빠지게 된다.

보편화할 수 없는 것은 도덕적이지 않다. 도덕적인 행위는 그것을 보편화했을 때 스스로 무너지는 자기모순을 범하지 않는다. 이런 통찰력이 사실 칸트만의 고유한 것은 아니다. 우리가 너무나 잘 알고 있고 또 종종 활용하는 생각이다. 우리가 흔히 사용하는 '역지사지易地思之', 즉 남의 입장이 되어보라는 말에는 이런 통찰이 담겨 있다. 또 '네가 원하는 것을 남에게 행하라'든가 '네가 원하지 않는 것을 남에게 행하지 말라'는 말에도 같은 통찰력이 함축되어 있다. 칸트의 정언명법은 이런 통찰력을 담아 다음과 같이 정식화된다.

> 네 의지의 준칙이 보편적 법칙이 되기를 바라는 한에서만 행위하라.[3]

이런 도덕법칙은 실천이성에 의해 제시된다. 오직 이성만이 보편성과 필연성을 판단하고 구성할 수 있는 능력이 있기 때문이다. 이성은 단순히 욕망을 효율적으로 실현하는 수단이 아니라, 행위의 도덕성을 결정짓는 규범의 원천이다. 인간은 이성을 통해 감정이나 경향성의 끌림을 넘어서고, 반드시 따라야 할 원칙을 자율적으로 수립하고 따를 수 있다.

인간은 어떻게 도덕적일 수 있는가

04

정언명법의 정식화

칸트는 이성을 통해 발견되는 도덕법칙을 '정언명법定言命法, Categorical Imperative'이라고 부른다. 이때 '명법'을 단순히 '명령'이라고 표현해도 상관은 없지만, (도덕적) 명령을 내리는 법칙이라는 의미에서 '명법'이라고 부른다. 특이한 표현은 '정언'이라는 단어의 사용이다. 칸트는 단순히 '무조건적'이라는 표현을 사용하지 않았다.

'정언'이라는 영어 표현 'categorical'의 어원은 그리스어나 라틴어, 독일어 모두에서 함께 사용되는 '범주category'

라는 단어다. 범주는 『순수이성비판』에서 '순수 오성 개념'으로 설명했던 바로 그것이다. 보통 'categorical'은 '범주적'이라기보다는 '단적인', '절대적인'과 같은 의미로 쓰인다. '조건 없는', '무조건'이라는 의미도 포함된다. 이 말은 '명확하게 범주로 구분해 버린다'는 의미로 '모호함이 없이 단정적으로'라는 뜻으로 이해할 수 있다. 그래서 정언명법은 '범주적 명령'이라고도 할 수 있으나, '단정적인 명령법', '무조건적 명령법'이라고 이해할 수 있다.

칸트는 특정한 목적을 위해 수단적으로 내리는 조건부 명령을 '가언명법conditional imperative'이라고 부른다. '네가 그것을 원한다면 그것을 행하라'는 식의 문장은 그 목적을 인정하는 사람에게만 해당하며, 보편적이지도 않고 도덕성과도 관련이 없다. 가언명법은 경향성과 목적에 기반한 실천적 지침일 뿐이다. 정언명법은 어떤 행위가 그 자체로 선하므로 조건 없이 반드시 실천해야 한다는 명령이다. 그 자체의 도덕적 타당성에 의해 이끌리는 것으로 욕구나 결과와는 무관하다. 특정 목적에 의존하지 않고 조건 없이 따라야 하는 행위의 형식이다.

'가언명법'은 일반명사다. 그러나 '정언명법'은 일반명사일 수도 있지만 칸트의 정식화를 가리키는 의미에서는 고유명사로 간주한다. 칸트의 정언명법을 가리킬 때는 'Categorical Imperative'처럼 첫 철자를 대문자로 써야 한다. 앞 장에서도 언급했듯이 칸트는 정언명법을 『도덕 형이상학 정초』에서 다음과 같이 정식화한다.

> 네 의지의 준칙이 보편적 법칙이 되기를 바라는 한에서만 행위하라.[4]

이런 정식화를 의지 중심으로 다음과 같이 정식화하기도 한다.

> 마치 네 행위의 준칙이 너의 의지를 통해서 보편적인 자연법칙이 되어야 할 것처럼 그렇게 행위하라.[5]

이 정언명법에 따라 살아간다는 것은 우리가 자기 자신을 포함한 모든 인간을 이런저런 목적에 따라 마음대로 사용하기 위한 단순한 수단으로 다루지 않고, 모든 인간을 목적 자체로 대우해야 한다는 뜻을 함축하고 있다. 특정한 목적에 따른 수단으로 인간을 다룬다는 것은 인간을 제한적 가치를 가진 존재로 다룬다는 것이다. 그러나 이성적 존재자인 인간은 자신이 제한적 가치를 갖는 대상으로 간주되기를 바라지 않는다. 물건의 경우 상대적 가치만을 갖게 되지만 인간은 물건이 아니라 인격을 지닌 존재다. 인격은 그 존재 자체가 목적이다. 그래서 정언명법은 다음과 같은 정식화도 가능하다.

너는 너 자신의 인격에서나 다른 모든 사람의 인격에서도 인간성을 단지 수단으로 사용하지 않고 언제나 동시에 목적으로 사용하도록 행하라.[6]

우리는 가끔 인간을 도구로 사용할 때가 있다. 다른 사람에게 대가를 제공하고 일을 시키면서 그 사람을 도구로 사용하는 것이다. 칸트는 계약하에 이루어지는 이런 일시적 도구화를 부정하진 않는다. 하지만 인간을 노예로 부리는 것과 같은 무조건적 도구화는 거부된다. 물론 계약에 의한 도구화라 하더라도 인간의 존엄과 인격의 가치를 파괴하는 행위는 허용되지 않는다.

이런 이성적 존재자는 공동의 법칙을 통해 이성적 존재자들의 체계적 결합체, 즉 나라를 구성하게 된다. 이 나라는 그 법칙이 이성적 존재자들 간의 상호 목적이자 수단인 관계를 만들어낸다. 그래서 이 나라는 목적의 나라라고 부를 수 있다. 그리고 이 나라에서 이성적 존재자는 보편적으로 법칙을 수립하고, 그 법칙을 스스로 따르기 때문에 목적의 나라의 구성원이자 지도자가 된다. 그래서 정언명법은 다음과 같은 정식화도 가능하다.

오직 의지가 자기 준칙을 통해서 자신을 동시에 보편적인 법칙 수립자로 여길 수 있는 것에 따라 행위하라.[7]

여기서 법칙 수립자라는 말은 법을 만드는 자, 즉 오늘날로 말하면 법을 만드는 입법자, 국회의원을 말한다. 『실천이성비판』에서 이런 정식화는 같은 의미이지만 조금 다른 표현으로 다음과 같이 서술되어 있다.

> 네 의지의 준칙이 언제나 동시에 보편적 입법의 원리로 타당할 수 있도록 행위하라.[8]

정언명법의 적용

정언명법은 그 자체로 우리에게 무엇을 하라고 명령하지 않는다. 정언명법은 내가 하려는 어떤 행위가 도덕적인지 아닌지를 판별하는 기준이다. 도덕적인지 아닌지는 내 행위의 준칙을 정언명법에 적용함으로써 판단한다.

앞에서 설명했던 사례를 다시 살펴보자. 나는 친구에게 돈을 빌리려고 한다. 이때 내가 선택하려는 행위의 준칙은 '진실한 약속을 할 것인가?' 또는 '거짓된 약속을 할 것인가'이다. 이 준칙들을 정언명법에 적용해 보고, 그중 도덕적인 것을 선택해 행동할 때 나는 도덕적 행위자가 된다.

내 행위의 준칙들을 "네 의지의 준칙이 언제나 동시에

보편적 입법의 원리로 타당할 수 있도록 행위하라"는 정식화에 적용해 보자. '진실한 약속을 한다'라는 명제를 보편화하면, '모든 사람이 어떠한 상황에서도 항상 진실한 약속을 한다'라는 것이 된다. '거짓된 약속을 한다'를 보편화하면, '모든 사람이 어떤 상황에서도 항상 거짓된 약속을 한다'라는 것이 된다. 이 준칙들 각각을 보편화한 형태로 놓고 판단할 때, 실제로 보편화가 가능한 것은 전자뿐이다. '모든 사람이 어떤 상황에서도 항상 진실한 약속을 한다'라는 것이 우리 사회의 법이 된다고 한다면, 이 법은 지속될 수 있다.

그런데 후자의 경우, 즉 '모든 사람이 어떤 상황에서도 항상 거짓된 약속을 한다'라는 것은 실제로 보편화될 수 없다. 왜냐하면 이것이 우리 사회의 법이 된다고 해도, 이 법을 따라 거짓 약속을 할 사람은 아무도 없을 터이기 때문이다. 거짓된 약속하기라는 것 자체가 이 세상에 존재할 수 없기 때문에 이런 법칙은 사회의 법으로 작용할 수 없다. 거짓 약속은 자기 모순적 결과를 불러일으켜 그 자체가 존속할 수 없게 된다.

이상이 칸트의 정언명법의 올바른 적용 방법이다. 예를 들어 '자살을 한다'는 명제도 '모든 사람이 자살한다'를 보편 법칙으로 하면 결국 자살할 사람이 더 이상 존재하지 않는 상태가 될 것이므로 '자살을 한다'는 것은 도덕적이지 않다. 핵심은 어떤 행위의 준칙을 보편화하려고 했을 때 그것이 자기모순을 불러일으키지 않고 보편 법칙으로 존속할 수 있는지, 자기모순을 불러일으켜 결국 그 법칙 자체가 더는 존속할 수 없게 되어버리는지가 정언명법 적용의 핵심이다.

정언명법의 적용에 있어서 흔하게 범하는 오류는 다음과 같은 것이다. 앞서 언급한 보편화된 두 명제는 '모든 사람이 어떠한 상황에서도 항상 진실한 약속을 한다'라는 것과 '모든 사람이 어떤 상황에서도 항상 거짓된 약속을 한다'라는 것이다. 잘못된 적용은 이렇게 나아간다.

자, 이런 보편화된 법칙이 적용되어 벌어지는 사회의 현상을 상상해 보자. 모든 사람들이 진실한 약속을 하는 사회는 신뢰가 구축되고 거짓 없는 사회가 되므로 우리 모두가 안

심하고 즐겁게 생활할 수 있다. 그러나 거짓 약속이 횡횡하는 사회는 모두가 서로를 불신해 살기 어려운 사회가 될 것이다. 이처럼 거짓 약속은 우리 사회를 나쁘게 만들기 때문에 비도덕적이다.

이런 적용은 공리주의적 적용이다. 내 행위의 준칙을 보편화했을 때 그것이 결국 사회에 유익이 되는지 아닌지에 대한 공리주의적 기준에 따라 도덕성을 판단하기 때문이다. 칸트가 자기모순 여부를 통해 보편화 가능성을 따졌다면, 공리주의는 효용성을 기준으로 보편화 여부를 따진다. 이는 아주 흔하게 이루어지는 칸트의 정언명법 적용의 오류다.

칸트 도덕철학의 특징

칸트 도덕철학의 특징은 도덕성의 기초를 논리성에 의존한다는 점에 있다. 실천이성이 도덕법칙을 도출하는 가장 중요한 근거는 이성만이 보편성과 필연성을 부여한다는 점이다. 이성적 존재자인 인간이 도덕적일 수 있는 유일한 근거는 자기 행위의 준칙이 이런 보편화를 가능하게 한다는 데에 있으며, 그런 보편성이 갖는 도덕적 필연성의 근거는 이성이 철저히 논리적으로 사유한다는 데에 있다. 이성적 존재자에게 도덕은 결국 논리성으로 수렴된다.

도덕성을 논리성으로 수렴하는 논리는 새로운 것이 아니다. 이미 오래전에 소크라테스도 이와 같은 통찰력을 제공했는데, 그는 "너 자신과 모순을 일으키지 말라"고 말했다. 자신의 행위를 반성할 때 우리는 반성하는 자아와 반성되는 자아로 나뉜다. 반성하는 자아와 반성의 대상이 되는 행위를 하는 자아가 일치할 때, 즉 모순이 발생하지 않도록 행위할 때 도덕적이 된다는 것이 소크라테스의 도덕철학이다. 소크라테스의 이 같은 사유는 칸트에게서도 드러난다.

그런데 칸트는 소크라테스보다 더 철저하게 도덕철학을 정립했다. 빈틈없는 논리적 사유를 하는 이성에게서 도출된 도덕법칙에다 자기 행위의 준칙이 자기모순 없이 적용될 수 있는지를 따지는 것은, 도덕적 행위에도 논리적 엄밀성과 필연성을 요구하는 것이다. 그래서 칸트의 도덕철학은 철저함을 그 특징으로 하며, 예외를 허용하지 않는다. 심지어 칸트는 자신의 도덕철학과 도덕법칙은, 인간만이 아니라 논리적으로 사유하는 외계의 존재가 있다면 그들에게도 적용될 수 있다고 생각했다.

칸트 도덕철학의 또 다른 특징은 그가 형식주의적이고 절차주의적인 도덕 이론을 제안하고 있다는 점이다. 이미 자세히 다루었듯이 칸트는 내용과 목적과 무관하게 형식을 중심으로 하는 도덕성의 근거로 도덕법칙을 발견했다. 내용이 빠져 있으므로 정언명법은 그 자체로 우리에게 무엇을 하라고 명령하지 않는다. 정언명법은 우리가 하려는 특정 행위가 도덕적인지 아닌지를 판별할 뿐이다. 이 때문에 정언명법은 형식성을 지닌다. 즉, 형식주의formalism적 조건을 제시한다.

칸트의 형식주의적 도덕철학은 뒤이어 등장한 헤겔로부터 비판의 대상이 된다. 헤겔은 윤리학에는 우리에게 무엇을 해야 할지를 알려주는 내용이 있어야 한다고 주장한다. 그는 역사와 현실적 조건들을 적극적으로 윤리적 사유 안으로 끌어들인다. 그래서 그의 윤리학은 보다 실질주의적인 내용을 담는다.

하지만 칸트는 철저하게 논리적 입장에서 형식주의를 고수한다. 통상적으로 '형식주의적이다'라는 말은 실질적인 내용이 없다는 뜻으로 사용되며, 비판적인 말로 사용될 때가 많다. 그러나 칸트에게 '형식주의적'이라고 말한다면, 그는 '당연하다'라고 반응할 것이다. 그리고 도덕법칙은 형식주의적일 수밖에 없다고 답할 것이다.

칸트의 형식주의적 도덕철학은 곧 그의 정언명법이 하나의 절차임을 나타낸다. 어떤 행위가 도덕적인지 아닌지를 밝히는 절차로서 정언명법이 제시되기 때문이다. 그래서 우리는 칸트의 도덕철학이 절차주의proceduralism의 특성을 갖는다고 말한다. 절차주의는 칸트의 영향을 받은 자유주의적 철학의 특성이다. 예를 들어 미국의 정치철학자이자 윤리학자인 존 롤스John Rawls는 칸트의 방법을 따르는 대표적인 자유주의자다. 그의 정의 원칙은 칸트의 정언명법처럼 정의를 가늠하는 절차로 기능한다.

자율과 자유

정언명법은 종교나 관습으로부터 주어지는 것이 아니다. 정언명법은 이성적 존재자가 실천의 영역에서 어떻게 가치 있고 올바른 삶을 살 수 있을까를 고민한 결과, 이성 자체에서 도출된 도덕법칙이다. 즉, 이성적 존재자가 반성적 사유를 통해 자신의 이성을 토대로 스스로 발견한 것이다. 도덕법칙은 이처럼 외부에서 주어진 것이 아니라 인간이 스스로 발견한 것이다. 따라서 도덕법칙은 타인이나 외부의 힘에 의해 적용되는 타율적 규율이 아니라, 스스로 자신이 만든 법칙에 따르는 자율의 형식을 갖는다.

이처럼 정언명법은 인간이 자율적으로 도덕적일 수 있는 존재임을 보여준다. 인간은 외부 조건에 의해 규정되고 규제되는 존재가 아니라, 스스로 형성한 법칙에 의해 자율적으로 판단하고 행동할 수 있는 존재다. 자율성이란 우리가 자신에게 스스로 규칙을 부여하고, 그 규칙을 따를 수 있다는 것을 의미한다. 자율적 존재로서의 인간은 도덕법칙에 복종하는 동시에, 그 법칙을 형성할 수 있는 입법자와 같은 능력을 지닌다.

내가 거짓말을 하지 않아야 하는 이유는 법적 처벌을 받기 때문이어서가 아니라, 거짓말을 하는 것은 이성적 존재인 나 자신이 자기모순에 빠지기 때문이다. 이성적 존재로서의 행위자인 나는 거짓말을 하지 말라는 명령이 자신의 이성에서 나온 것임을 확인하게 된다. 거짓말하지 말라는 명령을 지키는 것은 다른 사람이 만든 명령을 따르는 타율적 행위가 아니다. 스스로에게서 나오는 도덕법칙을 따르는 자율적 행동이다. 인간은 자율적으로 도덕적이 되는 것이다. 외적 목적이나 내부 욕망의 노예가 아니라, 자신의 이성이 발견한 법칙을 스스로 따른다는 말이다.

칸트는 인간이 자신의 이성이 발견한 도덕법칙을 따르며 행위할 수 있다는 점에서 자유로운 존재라고 말한다. 자유로운 인간은 타인, 즉 외부에 구속당하지 않는다. 자신의 외부에서 만들어진 명령을 따르는 삶은 자유가 아니다. 제멋대로 살아가는 자의적인 삶도 자신의 욕망에 굴복하거나 외부 환경의 조건에 부합해 처신하는 행위이므로 그 또한 자유로운 삶이 아니다. 자유로운 삶은 내가 스스로 만든 법칙을 따라 살아가는 자율적 삶을 통해서만 가능하다. 자유는 자율을 통해서만 가능하다.

인간의 존엄은 자율성과 이성에 기반한다. 누구든 자율적이고 도덕적인 존재로 살아갈 수 있을 때, 즉 자유로운 삶을 살 수 있을 때 그 삶은 존엄을 형성하는 뿌리가 된다. 인간은 자연의 인과율에만 지배되는 존재가 아니다. 인간은 스스로 새로운 시작을 만들어갈 수 있는 자유로운 존재다. 칸트의 도덕철학은 인간이 어떻게 인간답게 살 수 있는지를 설명해 준다. 그의 사상은 소크라테스로부터 이어진 윤리의 전통을 현대에까지 밀고 온 깊은 흐름의 한가운데 있다. 인간은 그 자체로 존엄하지만, 그 존엄성을 지키려는 의지를 실천할 때 비로소 존엄하게 대우받을 자격이 생긴다.

영혼 불멸성과 신의 존재

앞서 우리는 칸트가 행복을 추구하는 길을 제시하지 않고 옳은 삶의 길을 제시한 사람으로 묘사했다. 그렇다면 칸트는 인간이 행복을 추구하는 것은 부당하고 잘못된 것이라고 말하는 것일까? 그렇지 않다. 칸트는 행복 추구가 인간의 본성에 속한다고 보았다. 그렇다면 칸트는 도덕의 관점에서 행복을 어떻게 보고 있을까? 칸트는 도덕이 행복의 조건이라고 말한다.

이성적인 사람은 선의지를 갖추지 못한 사람이 행복을 누리는 것을 볼 때 만족하지 못한다. 이성적 존재라면 심지어 스스로가 도덕적이지 못한 행위를 통해 누리는 행복에 대해서도 만족하기보다 오히려 부끄러워한다. 그래서 칸트는 선의지가 곧 '행복을 누릴 자격'이라고 말한다.

행복은 인간의 본성이 추구하는 바이며, 행복에 이르는 길은 이성보다 본능이 더 잘 인도한다. 이성이 제시하는 도덕법칙을 따르면 현실에서는 오히려 행복으로부터 멀어질 수 있다. 아리스토텔레스는 좋은 사회에서는 덕을 갖춘 사람이 행복할 수 있다고 보았다. 개인의 행복 조건은 덕을 갖추는 것과 좋은 사회를 만들고 거기에서 살아가는 것이다. 그러나 칸트는 덕이 있는 사람이 반드시 행복에 이르는 것은 아니며, 선한 노력이 현실에서 부정당할 수도 있다는 것을 잘 알고 있다. 선의지와 행위의 좋은 결말이 필연적으로 연결되지 않는 이유는 바로 그 사이에 놓인 온갖 우연이 우리의 삶을 지배하고 있기 때문이다.

도덕적 행위가 배신을 당하고 선의지가 부정당할 수 있으며 덕이 제대로 보상받지 못하는 것이 현세이지만, 칸트는 최고의 선을 추구하는 것이 이성적이기 때문에 결국 선이 이루어지리라는 요구가 충족되는 것 또한 이성적이라고 생각했다. 그래서 그는 영혼 불멸과 신의 존재가 요청postulate된다고 주장한다. 요청이란 입증될 수는 없어도 반드시 전제되어야만 한다는 것을 의미한다. 우리가 영혼 불멸과 신의 존재를 입증할 수는 없으나, 현세를 도덕적으로 살아가라는 이성의 명령을 받는 인간은 영혼의 불멸과 신의 존재를 반드시 전제하지 않을 수 없다. 그래서 칸트는 영혼 불멸성과 신의 존재가 요청된다고 말한다.

영혼 불멸과 신의 존재가 요청된다고 말하는 것은 상당히 맥 빠지는 일일 수 있다. 요청한다고 그것이 존재할 수 있을까? 더욱이 신은 절대적 존재일 터인데, 그런 신의 존재가 이성의 요청으로 존재한다고 말하는 것이 과연 타당하거나 강력한 주장일 수 있을까? 현대 신학자인 위르겐 몰트만Jurgen Moltmann은 자신의 저서 『희망의 신학』에서, 요청으로 주장되는 신의 존재는 무력할 뿐이라고 비판했다. 서구 개신교 신학은 신을 인간과 인격적 관계를 맺는 존재로 주장하는데, 도덕적 요청으로 신의 존재를 입증한다는 것은 그에 비해 너무나 약한 주장으로 보인다.

그러나 칸트의 요청으로서의 영혼 불멸과 신의 존재에 관한 주장은 내게는 하나의 절규처럼 느껴진다. 현세에서는 선의지에 기초한 도덕적 삶이 좋은 삶으로 이어지지 못하고 배신당할 수 있다. 그러나 이성이 그런 삶을 요구하는 한 그 삶의 결과 또한 궁극적으로는 행복으로 이어지는 길이 열려야 한다는 절규의 말이다. 이성의 논리성이 필연적인 것 만큼이나 영혼의 불멸성과 신의 존재 또한 필연적이라는 믿음이 실천이성의 영역에서 칸트 주장의 근거로 여겨진다. 현실에서 이루어지는 구체적인 삶은 그런 믿음 없이는 불가능하다는 듯이 말이다.

계몽에서 세계시민으로

휴머니즘의 철학

3

사람들이 나이와 무관하게 여전히
미성년 상태로 있는 이유는,
자발적으로 자신의 지성을 사용하고
그에 따른 책임을 지겠다는 결단과 용기가
결여되어 있기 때문이다.

인간에 대한
용기 있는
질문들

01

철학의 과제

칸트는 철학의 근본을 다음의 세 가지 물음으로 정리했다.

나는 무엇을 알 수 있는가?
나는 무엇을 행해야 하는가?
나는 무엇을 희망해도 좋은가?

그리고 이 세 가지 질문은 다시 하나의 질문과 연관된다고 했다. 그 질문은 다음과 같다.

인간은 무엇인가?

첫 번째 질문인 '나는 무엇을 알 수 있는가?'에 대한 대답은 『순수이성비판』을 통해 제시된다. 우리는 앞서 1부에서 어떻게 지식이 만들어지는지(인식론)를 살펴보았다. 첫 번째 질문에 대해 칸트가 내린 대답이 바로 그것이다. 두 번째 질문인 '나는 무엇을 행해야 하는가?'에 대한 대답은 도덕철학을 통해 제시된다. 2부에서 그 내용을 살펴보았다. 세 번째 질문인 '나는 무엇을 희망해도 좋은가?'는 종교철학적 질문이다. 그에 대한 대답은 칸트의 『이성의 한계 내에서의 종교』에서 이루어지는데, 여기서는 다루지 않은 내용이다.

이 세 가지 질문이 하나로 연결되는 '인간은 무엇인가?'라는 물음은 인간학적인 질문이다. 칸트는 20세기에 들어와 학문적으로 발전한 철학적 인간학에 대한 본격적인 저술은 남기지 않았다. 따라서 우리는 칸트의 철학 전체를 통해 그가 어떻게 인간을 이해하고 있었는지를 그려 볼 수 있다.

'인간은 누구인가?'라는 관점에서 『순수이성비판』과 『실천이성비판』를 다시 살펴보자. 먼저 칸트는 『순수이성비판』을 통해 선험적 자아의 구조를 드러냈다. 우리의 경험은 자연 세계 속에 있는 것을 그대로 받아들임으로써 가능한 것이 아니다. 우리가 무엇인가를 인식할 때는 세상에 있는 것이 내 속으로 들어와 알게 되는 것이 아니다. 우리는 세상 속에 있는 것 그 자체가 무엇인지는 모르지만, 우리가 거기에 접근하고 감각하는 순간 이미 우리의 인식 능력 프로그램이 작동한다. 그래서 존재하는 물자체를 현재 우리가 경험하는 것처럼 인식하게 된다. 다시 말해 인식하는 자아가 프로그램되어 있는 방식을 우리가 인식하게 되는 것이다. 이 프로그램을 반성의 방법으로 알아가는 것이 칸트의 선험철학이다.

이런 인식의 과정에서 우리는 세계를 수동적으로 경험하거나 인식하는 것이 아니라, 우리의 의식이 적극적으로 나아가 인식을 형성한다. 인식의 차원에서도 인간은 자발성을 갖는다.

칸트는 『실천이성비판』을 통해 인간은 육체를 가지고

있고 자연법칙의 지배를 받는 자연적 존재로서의 모습과, 그것을 넘어 살아갈 수 있는 이성적 존재로서의 모습을 함께 가지고 있음을 보여준다. 특히 인간은 이성을 통해 도덕법칙을 만들어내고 그 법칙에 따라 나의 실천을 이끌어 갈 수 있다.

인간이 자연의 법칙에 따라 행동하는 것은 매우 자연스러운 모습이기는 하다. 그러나 나는 그렇게 살지 않고 도덕적으로 살겠다는 의지를 발동함으로써 우리에게 주어지는 자연적 질서를 멈추고, 내가 만들어낸 원칙에 따라 새로운 출발을 할 수 있다. 나는 이성을 통해 도덕법칙을 발견할 수 있고, 그것을 의지적으로 실천할 수 있는 존재다. 인간은 스스로 법칙을 세우고 그것을 따라 살아갈 수 있는 존재라는 점에서 자율성을 가지며, 인간은 자유의 존재가 된다.

칸트가 『순수이성비판』과 『실천이성비판』에서 주장하는 내용을 종합해 보면, 인간은 동물이면서도 동물을 넘어서는 차별화된 존재이며, 그런 점에서 존엄한 존재다. 이 두 저서에서 칸트는 인간이 제각각 생김새도 다르고 기질도 다르고 취미도 다른 다양한 모습으로 살아가지만, 그런 다양성에도 불구하고 모든 인간에게 존재하는 공통적인 모습, 보편적인 모습을 짚어낸다.

세계시민으로서의 인간

우리는 보편적 인간, 누구에게나 적용되는 동일한 인간으로 살아간다. 영어식으로 표현하면 'Man(단수로서의 인간)'이다. 단수로 이야기할 수 있는 모든 인간에게 적용되는 하나의 동일한 모습, 즉 보편적 인간이다. 그러나 칸트가 인간을 이론적이고 실천적인 관점에서 발견한 보편적 모습에만 주목한 것은 아니다. 칸트는 위에서 언급한 네 가지 질문에 대해 "세계시민적 의미에서의 철학의 장은 다음의 물음들로 펼쳐진다"[9]라고 언급한다.

또 우리는 그런 인간인 동시에 사회 속에서 사적인 삶과 공적인 삶을 살아가는 주체이기도 하다. 다른 사람들과 어울려 정치적 관계를 형성하고 정치적 세계를 열어내기도 한다. 또한 정신적 미성년의 상태에서 벗어나 자율적 정신으로 살아가는 계몽된 주체가 된다. 또한 인간은 인류와 세계사의 주체이기도 하다. 개인과 민족을 넘어 인간 전체를 포괄하는 존재인 인류의 주체이며, 인류로 나타나는 인간의 정체성인 휴머니티humanity, 즉 인간다움을 가지고 있다. 이는 공동체뿐만 아니라 인류 역사의 과거와 현재, 미래까지 아울러 그야말로 인간 전체가 하나의 덩어리로 보일 수 있다. 시간과 공간을 넘어, 그리고 개인과 민족을 넘어 인간 전체를 포괄하는 인류로 나타나는 인간의 정체성은 바로 휴머니티다.

민족사를 쓸 때는 어떤 민족이 주체가 된다. 그러나 세계사를 쓸 때는 시간과 공간을 넘어 모든 인류를 다 다뤄야 한다. 여기에는 인류라는 개념이 전제된다. 그렇다면 인류가 다른 동물과 구별되어 스스로 인간의 정체성을 드러내는 무언가가 있어야 한다. 그것이 바로 인간다움 또는 인간성이다.

인간은 땅에 발을 딛고 살아가는 구체적인 개별자, 즉 개인으로 살아간다. 이때의 영어식 표현은 'men(복수형)'이다. 한 사람 한 사람이 각기 다른 모습, 심지어 유형화도 거부할 정도로 각각 다른 모습으로 살아가는 것을 복수형으로 소문자를 사용해 'men'이라고 표현한다. 서로 다른 다양한 모습의 인간을 들여다보고 그 차이와 다양성을 존중하는 것은 인간을 이해하는 또 다른 차원의 접근이다. 이런 인간의 모습을 칸트는 계몽에 관한 글과 역사철학적 저술 등을 통해 드러낸다. 3부에서는 이런 글들에 나타나 있는 칸트의 인간 이해를 살펴볼 것이다.

지성을
사용할
용기

02

감히 알려고 하라

칸트의 시대는 계몽의 시대였다. 계몽된 인간으로 살아간다는 것은 어떤 것일까? 칸트는 자신의 에세이 「계몽이란 무엇인가에 대한 답변」에서 계몽을 이렇게 정의한다.

> 계몽이란 우리가 미성년 상태에서 벗어나 마땅히 스스로 책임지게 되는 것이다.

우리가 흔히 성년이냐, 미성년이냐를 구분하는 기준은

법적으로 또는 사회적으로 인정하는 나이에 있다. 즉, 18세가 되면 우리는 그 사람을 성년으로 구분한다. 그러나 정신적 성숙함은 개인마다 차이가 있고, 또 나이와 크게 상관이 없는 듯하다. 10대인데도 스스로 책임을 다하는 성숙한 정신을 지닌 사람이 있는가 하면, 30대가 되어도 전혀 그렇지 못한 사람도 있다.

그런 사람들이 나이와 무관하게 여전히 미성년 상태로 살아가는 이유는 무엇일까? 그 원인을 살펴보면 지성의 결핍이 문제가 아니라, 스스로 지성을 사용하려는 결단과 용기가 결여되어 있다는 것이 문제다. 책의 앞부분에서도 살펴본 것처럼, 순수이성이나 실천이성의 관점에서 보았을 때 특정한 사람은 지성이 결여되어 있거나 또 도덕성을 형성할 수 있는 이성이 결여되어 있는 것이 아니다. 모든 사람이 다 이성과 지성을 가진 존재이며, 그래서 모두는 도덕적일 수 있고 또 모두에게 도덕적 책임을 물을 수 있다. 이성적 존재자인 우리에게 자발적으로 자신의 지성을 사용하고 그에 따른 책임을 지겠다는 결단과 용기가 필요하다. 그런 용기가 결핍되어 있다면 나이가 들어도 여전히 미성년인 채로 남을 수밖에 없다.

계몽과 관련해 칸트는 "너의 지성을 사용할 용기를 가지라"라고 말한다. 라틴어로 'Sapere Aude(감히 알려고 하라, Dare to Know)'이다. '감히 알려고 하라!'는 명령문이다. 다시 말해 주저하고 망설이며 머물러 있지 말고 감히 알려고 접근하고 시도하는 것이 바로 계몽된 인간의 모습이라는 것이다.

스스로 자율성을 가질 수 있음에도 불구하고 계속 남의 지도를 받는 데에 머물러 있는 것, 다시 말해 어렸을 때는 성장 과정에서 당연히 다른 사람의 지도를 받아야 하지만, 일정 시간이 지나 내가 나의 지성을 자율적으로 사용할 수 있을 만큼 나이가 들었음에도 계속 남의 지도를 받는 상태에 머물러 있는 이유는, 한마디로 게으름과 비겁함 때문이다. 나 대신 사고해 주는 책, 양심을 대신해 주는 종교 지도자, 건강식을 대신 마련해 주는 의사에게 기대어 살아가는 것이다. 이처럼 후견인들에게 의존하며 나 스스로 홀로서기를 멈추는 태도는 결국 겁쟁이의 자세다.

칸트가 살던 시대는 근대의 서막이 열리던 시기였다.

그 이전의 중세나 고대 사회에서는 개인에게 자신의 이성과 결단에 따라 살아갈 수 있는 자율적 기회가 주어지지 않았다. 다시 말해 칸트 이전 시대까지는 지성의 사용 자체가 제약받고 있었다. 그러나 근대에 들어 각자가 자율적으로 살아갈 수 있는 사회적·정치적 조건이 형성되면서 모든 개인에게는 미성년의 족쇄를 끊고 한 걸음 더 나아가야 할 필요가 생겼다. 이것이 바로 칸트가 말한 계몽의 시대이며, 오늘날 우리가 살아가고 있는 시대다.

계몽의 시대에는 민중 각자가 자기를 계몽하는 것이 가능하다. 그러나 이를 위해서는 반드시 자유가 허용되어야 한다. 이 자유는 누군가에 의해 허용될 수도 있고, 자기의 힘으로 만들어내야 할 수도 있다. 자유가 주어진다면 계몽 역시 이루어질 수 있다. '계몽啓蒙'이라는 말은 '어리석음을 깨우침'이라는 의미를 지니며, 영어로는 'enlightenment'라고 표현한다. 이 단어의 중심에는 'light', 즉 '빛'이라는 말이 포함되어 있는데, 이는 내 안의 이성에 빛을 비추어 자율적 사고를 가능하게 한다는 뜻을 함축하고 있다.

어떤 자유가 필요한가

계몽은 본질적으로 인간이 가치 있는 존재라는 전제를 바탕으로 한다. 단지 자율적으로 사고할 능력이 있을 뿐만 아니라, 그 능력을 실제로 스스로 활용할 수 있다는 믿음을 전제로 한다. 그런 관점에서 보았을 때, 민중 스스로 자기 자신을 계몽하려면 기본적으로 자유가 확보되어야 한다. 예를 들어 폭군의 지배 아래 놓여 있다면 그 억압을 종식시키기 위한 혁명이 필수다.

그러나 혁명이 일어났다 하더라도, 시민 개개인이 계몽된 존재로서 스스로 알고자 하며 그에 따라 행동하려는 용기와 결단을 갖추어야 한다. 이런 사고방식으로의 진정한 변화가 필요하며, 사실 이것이 훨씬 더 어려운 일이다. 혁명을 통해 사회를 바꾸는 일보다, 스스로 계몽된 인간으로 살아가겠다는 결단을 내리는 일이 더 어렵다. 민중이 스스로 자기 자신을 계몽한다는 것, 곧 자율적으로 사고하고 행동한다는 것이 그만큼 어려운 일이라는 뜻이다.

그렇다면 혁명이나 내적 변화를 통해 이성이 실제로

자율적으로 살아가고자 할 때, 우리에게 필요한 자유는 과연 무엇일까? 먼저 '자유'라는 개념부터 간단히 짚고 넘어갈 필요가 있다. 지금 우리가 살아가는 시대에는 자유라는 말이 매우 혼란스럽게 사용되고 있다. 자유 개념의 역사만 살펴봐도 그 의미는 수십 가지로 분화되어 있으며, 오히려 개념적 혼동을 부추긴다. 흔히 자유란 내가 하고 싶은 대로 하며 사는 것이라고 여길 수 있지만, 우리는 『실천이성비판』을 통해 그것이 진정한 자유가 아님을 이미 배웠다. 자유란 단순한 욕구의 충족이 아니라, 이성이 주체적으로 삶을 이끌어가는 상태라는 뜻이다.

오늘날과 같은 자본주의 사회에서는 내 돈을 내 마음대로 쓰는 것이 곧 자유라고 여겨지기도 한다. 하지만 자유롭게 돈을 쓸 때, 우리는 과연 무엇을 위해 그 돈을 사용할까? 결국은 내 욕망을 실현하기 위해서다. 그렇다면 그 욕망은 어떻게 만들어질까? 광고의 유혹과 SNS 등을 통해 편집된 타인의 삶을 바라보는 과정에서 우리의 욕망은 점차 형성된다.

그런데 이렇게 외부 영향에 이끌려 욕망이 만들어지고,

그 욕망을 따르겠다고 결심하는 것 자체가 이미 자유롭지 않음을 의미한다. 칸트식으로 표현하자면, '경향성에 따라 욕구가 생기고, 그 욕구를 마음대로 실현하는 것'일 뿐이다. 그런 관점에서 본다면, 현대 자본주의 사회가 이야기하는 시장의 자유란 인간다운 자유와는 본질적으로 거리가 멀다고 말할 수 있다.

계몽된 인간으로 살아가기 위해 우리에게 가장 기본적으로 필요한 조건이 자유라면, 그 자유는 정확히 어떤 자유를 뜻하는 것일까? 칸트는 그것이 "개인이 이성을 공적으로 사용할 자유"라고 명확하게 말한다. 그렇다면 우리의 이성이 공적으로 사용될 수도 있고 사적으로 사용될 수도 있다는 뜻인데, 그렇다면 이성의 공적 사용과 사적 사용이라는 개념은 과연 어떤 의미이며, 그 둘을 어떻게 구분할 수 있을까?

칸트에 따르면 이성의 공적 사용이란, 한 개인이 학자로서 독서 대중을 향해 자신의 이성을 사용하는 경우를 말한다. 그런데 이 표현은 현대 사회를 살아가는 우리에게는 다소 낯설게 느껴질 수 있다. 지금 우리는 다양한 매체를 통해 자기의 생각과 의사를 자유롭게, 그리고 공적으로 표현할 수 있는 시대에 살고 있지만, 칸트가 살던 시대에는 이런 장치들이 매우 제한적이었다. 라디오, 텔레비전, SNS 등 우리가 흔히 떠올리는 대중 매체가 전혀 존재하지 않던 시절이었기 때문이다.

그런 환경에서 한 개인이 자신의 이성적 사고를 대중 앞에 펼쳐 보일 수 있는 유일한 방식은 독자를 대상으로 글을 쓰는 것이었다. 그리고 단편적인 의견 제시가 아니라, 공적으로 이성을 사용할 수 있도록 제도적으로 허용된 존재는 당시로서는 오직 학자뿐이었다. 따라서 한 사람의 학자로서 독서하는 대중을 향해 자신의 이성을 드러내는 행위가 바로 칸트가 말한 '이성의 공적 사용'에 해당하는 것이다.

이성의 공적 사용이란 단순히 한 개인으로서의 표현이 아니라 공동체의 구성원으로서, 더 나아가 세계시민사회의 일원으로서 저작 활동을 통해 학자로서 대중에게 자신의 이성을 드러내는 행위다. 이때 중요한 것은, 단지 의사 표현을 하는 데에 그치는 것이 아니라, 공공성과 규범,

그리고 표현의 목적 등을 따져보며 이성을 사용하는 데에 있다는 점이다. 이것이 바로 이성의 공적 사용의 핵심적인 특징이다.

반면에 칸트가 말한 이성의 사적 사용이란 개인이 자신에게 맡겨진 공직에서 제한적으로 이성을 사용하는 경우를 뜻한다. 예를 들어 어떤 공직자가 주어진 업무를 수행할 때 그 일이 원활히 이루어질 수 있도록 해당 역할의 범위 내에서 이성을 발휘하는 것이다. 이는 공동체의 업무를 기계적으로 충실히 수행함으로써 공동체 전체에 자동으로 기여할 수 있다는 전제를 따른다. 다시 말해 나에게 부여된 명령을 수동적으로 수행하면서 그 안에서만 이성을 활용하는 것이다.

이럴 때는 본질적인 질문을 제기하거나 논의하는 것이 허용되지 않고, 단지 주어진 명령에 따라 업무를 수행하게 된다. 예컨대 주민센터에서 근무하면서 '주민등록등본은 왜 필요한가?' 혹은 '인감증명은 어떤 의미를 갖는가?' 같은 근본적인 물음을 제기하지 않는 것과 같은 맥락이다. 바로 이런 식으로 자기에게 주어진 역할의 범위 내에서 맡은 일을 충실히 수행하며 이성을 사용하는 것이 칸트가 말한 이성의 사적 사용이다.

이성을 공적으로 사용하기

예를 들어 한 사원이 상사로부터 특정 업무 지시를 받았다고 하자. 그러면 그는 그 지시를 수행하기 위해 자신의 이성을 사용하게 된다. 이때 발휘되는 이성은 칸트가 말하는 '사적 이성'이다. 그런데 만약 그 사원이 '이 일이 과연 옳은 방향인가? 이 과업은 본질적으로 왜 필요한가?' 같은 질문을 던지며 상사가 한 지시의 정당성과 필요성을 따지기 시작한다면, 팀을 책임지는 상사로서는 황당하거나 부담을 느낄 수밖에 없다.

물론 누가 보더라도 명백히 부당하거나 불법적인 지시라면 이에 대해 문제를 제기하거나 실행을 거부하는 일이 필요할 수 있다. 하지만 여기서 칸트가 말하는 이성의 사용은 그런 윤리적 판단의 차원과는 다르다. 그는 맡겨진 역할을 수행하는 과정에서 그 지시의 정당성이나 필요성에 관한 근본적인 논란을 벌이는 것은 불필요하다고 본다. 이성의 사적 사용이란 주어진 업무 안에서 책임을 충실히 다하는 것이며, 그 범위를 넘어선 문제 제기는 오히려 일의 수행을 방해할 수 있다는 것이다.

이와 달리, 한 개인이 학자로서 병역 의무의 결점을 비판하거나 특정 명령의 부당성을 따지는 식으로 공공의 관점에서 논의를 전개한다면, 그것은 이성의 공적 사용에 해당한다. 이런 공적 사용은 금지되어서는 안 되는 것이며, 오히려 자유롭게 허용되어야 한다.

또 다른 예를 들어보자. 어떤 성직자가 신자들 앞에서 교리를 좀 더 쉽게 이해할 수 있도록 설명하고 있다고 하자. 이때 그 성직자가 발휘하는 이성은 칸트가 말한 '사적 이성'에 해당한다. 왜냐하면 그 목적은 교리의 내용을 전달하고 신자들이 그것을 잘 이해할 수 있도록 돕는 데에 있기 때문이다.

이처럼 여러 사례를 통해 볼 때, 이성의 공적 사용과 사적 사용은 명확하게 구분된다는 사실을 확인할 수 있다.

여기서 '공적public'이라는 말은 모든 사람이 듣고 보고 알 필요가 있는 것, 또는 그런 성격의 영역을 뜻한다. 반면 '사적private'이라는 것은 모든 사람이 반드시 듣고 보아야 할 필요가 없는 것, 혹은 그런 성격의 업무나 활동을 의미한다. 참고로 '사적'이라는 뜻을 가진 영어 단어 'private'의 어원은 라틴어 'privatus'인데, 이는 '공적인 것의 결여'를 의미한다.

예를 들어 우리 동네에 강이 있고, 그곳에 다리를 놓아야 한다고 해보자. 이때 다리의 위치를 어디에 정할지는 해당 지역 주민, 행정 관계자, 시설 전문가 등 여러 사람들이 공동체의 관점에서 함께 논의하고, 각자의 의견을 종합해 공적으로 결정해야 하는 문제다. 이렇게 다양한 의견을 수렴해 결정한 위치에 다리를 설치하기로 했다. 하지만 재원이 한정되어 있다. 그렇다면 그 예산 내에서 다리를 어떻게 설계하고 설치하는 것이 가장 합당하며, 안전하고 경제적인지를 전문가들이 면밀하게 따져보고 판단해야 한다. 그리고 이런 판단이 제대로 이루어졌는지에 대한 검증 역시 필수적인 절차다.

그런데 이 과정은 모든 사람의 의견을 들어 다수결로 결정할 수 있는 성격의 것이 아니다. 왜냐하면 과학적이고 기술적인 관점에서 가장 합리적인 해답을 찾아야 하는 문제이기 때문이다. 따라서 이 경우는 칸트가 말하는 '이성의 사적 사용'에 해당한다.

우리가 이성을 사적으로 사용하는 것은 각자가 속한 전문 영역에서 수행해야 할 일이다. 하지만 모든 개인에게 영향을 미치고 공동체 전체가 관심을 가져야 할 문제에 대해서도 과연 우리는 이성을 사용할 수 있는 공적 자유를 실질적으로 보장받고 있는가? 우리 각자는 그 자유를 바탕으로 자신의 의견을 표출하고, 합리적으로 판단하며, 타인과 토론할 수 있는 용기 있는 삶의 태도를 지니고 있어야 한다.

계몽의 시대를 살아가는 우리는 이제 더 이상 타인의 판단에 기대어 거기에 머무를 수는 없다. 칸트가 말한 '감히 알려고 하라'는 명령은, 단지 지적인 탐구에 대한 권유가 아니라 인간의 품위와 자율성을 향한 요구다. 이성을 사용한다는 것은 단순히 사고하는 능력 자체를 의미하는 것이 아니라, 그 사고를 공적 영역에서도 책임 있게 펼칠 수 있는 용기를 갖추는 것을 뜻한다. 사적 영역의 역할 수행을 넘어 공동체의 더 나은 방향을 고민하고 목소리를 내는 것. 바로 이것이 우리가 실천해야 할 성숙함이며, 계몽의 핵심이다. 결국 우리에게 필요한 것은 알고자 하는 욕구뿐만이 아니라 알기를 감행하는 용기다. 그런 용기의 실천이야말로 진정한 자유의 시작이다.

우리는 지금
계몽된 시대에
살고 있는가

03

계몽의 시대

칸트는 자신이 살고 있던 그 시대를 향해 "우리는 지금 계몽된 시대에 살고 있는가?"라는 질문을 던졌다. 그리고 이에 대해 그는 단호하게 "아니다"라고 대답했다. 칸트가 살았던 시대는 프리드리히 대왕이 군주제로 통치하던 시기였으며, 그는 현명한 군주로 널리 알려져 있었다. 그러나 칸트는 자신의 저작 「계몽이란 무엇인가에 대한 답변 Beantwortung der Frage: Was ist Aufklärung?」에서, 그 당시가 계몽된 시대가 아니라 계몽이 진행되고 있는 시대라고 주장했다.

종교적 계몽을 장려하는 국가 지도자는 국가의 입법에 관해서도 국민이 자신의 이성을 공적으로 사용해 현행 법률의 개선에 관한 의견이나 심지어 기존의 법률에 관한 공명정대한 비판까지도 널리 발표하도록 허락해도 어떤 위험이 없다는 것을 통찰하고 있다. 우리에게는 이에 관한 훌륭한 실례가 있다. 이 점에 있어서 어떤 군주도 우리들이 존경하는 프리드리히 왕을 능가하지 못한다.

프리드리히 대왕에 대한 칭송은 칸트가 그를 얼마나 깊이 신뢰하고 있었는지를 여실히 보여준다. 칸트는 그런 믿음이 있었기에 자신이 살아가는 시대를 계몽의 시대라고 말할 수 있었던 것이다. 칸트는 이와 같은 통찰과 함께 왕의 입장에서 다음과 같이 말한다. "너희들이 하고자 하는 일에 관해서는 너희가 원하는 만큼 따져보라. 그러나 복종하라!"

여기서 '복종하라'는 말에는 어떤 의미가 담겨 있을까? 그것은 군주제 아래 강고한 왕권이 작동하던 시대에 개인이 무엇이 옳은지에 대해 논의하거나 비판적 사고를 펼치는 것은 허용하되, 궁극적으로는 국가의 질서와 통치 체계에 따르라는 뜻이다. 하지만 만약 어떤 시대가 단순한 복종을 넘어 불복종이나 근본적인 문제 제기를 용인하며 부당함을 명확히 인식하고 수정할 수 있는 여지를 제공한다면, 그 사회야말로 진정한 의미에서 계몽의 시대라고 할 수 있을 것이다.

그렇다면 계몽을 통해 우리는 무엇을 얻을 수 있을까? 칸트는 계몽의 결과로 나타나는 것은 자유로운 사상의 발현과 실현이며, 국민들이 행동의 자유를 얻게 되는 일이라고 말한다. 즉, 국가라는 체계 안에서 국민은 법을 따르며 살아가되, 그 법이 보장하는 범위 내에서 자유롭게 사고하고 행동할 수 있다는 것이다. 이는 곧 '국가가 변화한다'라는 의미이며, 그 변화의 결과로 탄생하는 정부는 "기계 이상의 존재인 인간을 그의 품위에 걸맞게 대접하는 정부"가 될 것이다.

우리는 '기계 이상의 존재인 인간'이 무엇을 의미하는지 분명히 알고 있다. 예컨대 배가 고프면 밥을 먹고, 배가 부르면 생존이 가능한 상태가 되는 것은 단지 기계적인 인간 모습에 불과하다. 이는 인과 법칙에 따라 반응하고 충족되는 자연 질서 안에서 작동하는 인간의 생물학적 측면에 해당한다. 하지만 인간은 그것으로 충분한 존재가 아니다. 인간은 단순한 생리적 충족을 넘어, 사고하고 판단하고 도덕적 고민을 하며 살아가는 존재다. 그렇기에 인간을 인간으로서의 품위에 걸맞게 대접하는 정부란, 단지 생존을 보장하는 수준을 넘어 인간됨의 존엄을 인정하고 실현하는 정부여야 한다.

그렇다면 칸트의 사유가 오늘날 우리에게 어떤 의미를 갖는지에 대한 질문은 한층 분명해졌다. '민주주의 시대를 살아가는 우리의 오늘은 과연 이미 계몽된 시대에 도달했는가, 아니면 여전히 계몽을 향해 나아가는 중인가?' 오늘날 우리는 프리드리히 대왕처럼 철학적 통찰을 갖춘 군주가 통치하는 절대왕정의 시대가 아니라, 사회 질서와 법이 시민의 주권 위에 형성된 민주주의 시대를 살아가고 있다. 그렇다면 민주주의의 주체인 오늘날의 우리 시민들은 진정으로 계몽되어 있는가? 혹은 계몽의 가능성을 품은 채 그 길을 걸어가고 있는 중인가?

세계시민과 보편사

칸트의 또 다른 글인 「세계시민적 관점에서 본 보편사의 이념Idee zu einer allgemeinen Geschichte in weltbürgerlicher Absicht」을 살펴보자. 이 글에서 핵심적으로 등장하는 개념은 '세계시민적 관점'과 '보편사'다. 앞서 언급했듯이 보편사란 곧 세계사를 의미한다. 즉, 특정 국가나 지역에 국한되지 않고 인류 전체를 대상으로 하는 역사다. 이런 세계사를 논하기 위해서는 세계 전체를 이끌어가는 주체로서의 '인류'에 대한 사유가 반드시 따라야 한다. 이 세계가 하나의 전체로 구성되어 있다는 '세계시민'의 관점에서 역사를 바라볼 때 비로소 보편사의 성격이 드러나게 된다.

이처럼 세계시민적 관점에서 보편사를 바라보는 이유는 바로 '인간의 행위'에 있다. 여기서 말하는 인간이란 특정 개인인 '나'가 아니라, 보편화된 존재로서의 '인간'이다. 인간의 행위란 곧 그의 의지가 외부로 드러나는 현상이며, 이 의지의 표출은 결국 자연법칙의 지배를 받을 수밖에 없다. 인간이 어떤 행위를 하는 순간, 그의 신체적 움직임은 작용과 반작용이라는 연쇄적인 자연법칙 속에서 인과율의 흐름을 따라 발생하게 된다.

이런 현상은 단발적인 행동으로 끝나는 것이 아니라, 각각의 인간이 자신의 의지에 따라 행동하는 주체라는 전제를 기반으로 한다. 개별적인 사람들뿐 아니라, 각 지역의 개인과 크고 작은 집단들이 그런 의지를 품고 행동함으로써 수많은 행위가 발생하게 된다. 그리고 그 행위들은 인과적 연쇄 속에서 전개되며, 역사는 바로 이런 현상들을 설명한다.

만약 인간의 행위가 처음부터 끝까지 아무런 의미나 방향성을 갖지 못한다면, 우리는 그것을 굳이 '역사'라는 종합적 개념으로 서술할 필요도 없을 것이다. 그러나 긴 안목으로 인간이 살아온 과정을 바라보면 그 과정 속에서 일정한 규칙성이나 진행 방향을 엿볼 수 있으며, 이를 통해 인간이 지닌 근원적인 소질을 발견할 가능성도 생겨난다. 인간이 특정한 행위를 하는 것은 인위적인 일이지만, 그 인간 자체는 자연이 만들어낸 존재이기에 인간사의 전개 과정에서 자연이 품고 있는 어떤 계획을 발견할 수도 있지 않을까? 다시 말해 어쩌면 자연에는 하나의 계획이 존재하며, 그 계획에는 나름의 목적이 있다는 생각을 우리는 희미하게나마 품게 되는 것이다.

역사의 방향성과 목적

칸트는 「세계시민적 관점에서 본 보편사의 이념」에서 인류 역사의 방향성과 목적을 설명하기 위해 총 아홉 개의 명제를 제시한다. 각 명제는 인간의 이성과 자연의 계획 사이의 관계를 철학적으로 풀어내며, 보편사의 이념에 접근하는 틀을 제공한다. 이제 그 명제들을 하나하나 살펴보자.

제1명제는 생명체의 모든 자연적 소질은 언젠가 완전하게, 그리고 목적에 맞게 발현되도록 결정되어 있다는 것이다. 예컨대 갓 태어난 아기가 점차 사회적이고 이성적인 존재로 성장하듯, 모든 인간 능력은 일정한 발전 과정을 따라 궁극적으로 완성 단계에 도달하게 된다. 이처럼 자연이 무작위가 아니라 법칙과 목적을 지니고 작동한다는 점에서 칸트는 목적론적 자연관을 주장하고 있다.

제2명제는 인간이 가진 자연적 소질인 이성은 한 개인의 삶 안에서가 아니라 인류 전체 속에서만 완전하게 계발될 수 있다는 것이다. 인간이 이성을 올바르게 사용하는 방법을 익히기 위해서는 아주 긴 시간이 필요하며, 자연은 이 소질을 완성하기 위해 여러 세대에 걸친 점진적 발전을 계획한다.

제3명제는 인간은 본능이 아니라 이성을 통해 스스로 행복과 완전함을 창조해야 하며, 이는 곧 자연이 인간에게 요구하는 방식이라는 것이다. 인간은 이성을 통해 의지를 실현해 나가며, 현재의 노력은 종종 직접적인 보상을 가져오지 않지만 후대는 그 성과를 누린다. 우리 역시 과거 세대의 축적된 성취 위에서 살고 있기에 현세대가 이를 아쉬워할 일은 아니다.

제4명제는 인간 내부에는 사회를 이루려는 성향과 그것을 위협하는 성향이 동시에 존재하며, 이른바 '반사회적 사회성'이 이성의 계발과 문화적 진보를 가능하게 한다는 것이다. 인간은 경쟁과 갈등을 통해 자기의 능력을 일깨우고 나아가 사회적 발전을 이룬다. 칸트는 이런 충돌을 통해 문명이 진보한다는 점에서 자연의 '혼란스러운 선물'을 찬양한다.

제5명제는 이런 사회적 긴장과 성향을 바탕으로, 보편적으로 법이 지배하는 시민사회가 형성되어야 한다는 것이다. 시민사회는 자의적 통치가 아닌 법에 의한 지배로 이루어져야 하며, 자유는 바로 그 법적 질서를 통해 실현된다. 이처럼 공화주의 정신 아래 외적 법에 따른 자유가 보장되는 사회가 인류의 가장 중요한 과제다.

제6명제는 인간이 인류 공동체 속에서 살아가기 위해서는 보편적 의지를 이끄는 중심, 즉 지배 체계가 필요하다는 것이다. 이는 특정 지배자가 아닌 시민의 뜻에 기초한 정의롭고 공정한 법의 체계를 의미하며, 그 법의 지배는 곧 시민이 자기 자신을 다스리는 자기통제의 모습이다. 좋은 국가란 단순한 형성으로 이루어지는 것이 아니라 경륜과 선한 의지를 통해 실현된다.

제7명제는 완전한 시민적 정치 체제는 그 자체만으로

는 충분치 않으며, 정당한 국제 관계 속에서 유지되어야 한다는 것이다. 국가는 서로 구속하거나 지배하지 않는 자유롭고 법적인 관계 안에서 작동해야 하며, 야만적 무법 상태를 벗어나 세계시민적 질서로 나아가는 것이 필요하다. 예술과 예의, 학문이 발전해도 도덕적 성숙 없이는 진정한 세계시민의 상태에 이르지 못한다.

제8명제는 이런 조건들이 통합되었을 때, 인류의 역사는 완전한 국가 체제를 실현하려는 자연의 숨겨진 계획을 따라가는 과정이라고 볼 수 있다는 것이다. 이 과정은 계몽된 인물들의 출현과 함께 이루어지며, 지배자의 욕망을 제약하고 전쟁보다 평화를 통한 발전을 중시하는 방향으로 나아가게 한다.

제9명제는 인류가 궁극적으로 완전한 시민적 통합을 이루게 된다면, 철학적 관점에서 보편적으로 기술된 세계사를 편찬하려는 시도 역시 가능해질 수 있다는 것이다. 이는 인간사가 단순한 사실의 나열이 아니라, 이성과 자연의 목적이 만나 이루어지는 하나의 통일적 흐름이라는 통찰을 제공한다.

이상의 아홉 명제를 종합적으로 본다면 오늘의 한국 사회에 대해 다음과 같은 지침을 얻을 수 있다. 우선 단순히 민주주의 제도를 갖추었다는 사실과 성숙한 시민사회를 갖는 것은 별개의 문제다. 자유는 마음대로 행동할 수 있는 것이 아니라 보편적인 법과 시민의 합의 속에서 보장될 때 비로소 제 자리를 찾는다. 자의적 감정이나 이해가 아니라, 모두가 공유할 수 있는 원칙에 따라 사회가 움직일 때 공화주의적 정신은 살아 숨 쉬게 된다. 그러기 위해서는 법의 실효성과 공공성에 대한 끊임없는 고민과 점검이 필요하다.

　또한 개인의 이성이 충분히 계발되기 위해서는 고립된 경쟁이 아니라 공동체 안에서의 경험과 협력이 중요하다. 이성의 성과는 단순히 한 개인의 능력이 아니라, 세대 간에 축적되고 공유되는 인류 전체의 자산이다. 교육과 문화, 깊이 있는 토론을 통해 사고 능력을 함께 훈련하고 나눌 수 있어야 비로소 사회 전체가 진보하는 선순환이 가능해진다.

　끝으로, 이제 우리는 세계시민으로서 책임 있는 태도로

국제 질서에 참여해야 한다. 칸트는 도덕적으로 성숙한 세계를 향해 나아가는 인간사의 방향성을 제시했다. 한국 사회 역시 경제적 위상만이 아니라 윤리, 인권, 생태적 가치까지 함께 고민해야 한다. 세계시민적 관점은 다음 세대의 삶을 지속 가능하게 만들고, 특정 국가의 이익이 아니라 인간 전체의 존엄과 평화를 향한 책임을 우리 모두에게 부여한다.

계몽의 실패
혹은
미완성

04

정신의 자유

영화 〈존 오브 인터레스트〉(2023)는 우리가 익히 알고 있는 홀로코스트의 중심, 아우슈비츠 수용소를 배경으로 한다. 영화는 그곳의 소장인 루돌프 헤스와 그의 가족 이야기를 다룬다. 헤스의 가족은 수용소 바로 옆에 마치 낙원처럼 꾸며진 집의 공간 속에서 안락한 삶을 누린다. 집 마당에는 수영장이 있고, 온실도 갖춰져 있다. 그러나 그 집의 담벼락 너머는 바로 아우슈비츠 수용소다. 밤마다 굴뚝에서는 시신을 태운 연기가 끊임없이 뿜어져 나온다. 어느 날

헤스의 장모는 딸의 집을 방문해 집을 너무 훌륭하게 꾸몄다고 칭찬하지만, 밤마다 들려오는 죽음의 공장 소리에 견디지 못하고 그녀는 결국 그곳을 떠나버린다.

헤스의 부인은 수용소에 끌려온 유대인 여성에게서 빼앗은 밍크코트를 걸쳐보며 만족스러워한다. 탐욕과 무감각이 뒤섞인 이 모습은 인간 내면의 어두운 욕망을 적나라하게 보여주는 장면이다. 그와는 대조적으로 한 여성은 밤마다 몰래 수용소 공사장에 들어가 이곳저곳에 사과를 숨겨둔다. 수용소 안에 갇힌 사람들이 그 사과를 발견하고 잠시라도 위안을 얻기를 바라는 마음에서다. 이 장면은 인간이 가진 또 다른 얼굴, 즉 타인의 고통을 헤아리고 함께 아파할 줄 아는 따뜻한 연민과 용기를 보여준다.

이 영화와는 무관하지만, 아우슈비츠에서 일어난 놀라운 이야기 가운데 하나가 막시밀리아노 마리아 콜베 신부의 이야기다. 아우슈비츠 수용소에서 한 수감자가 탈출하자 수용소장은 보복으로 열 명의 포로를 무작위로 골라 처형하기로 한다. 그중 한 사람이 울부짖는다. "나는 안 돼요! 나는 죽을 수 없어요! 내가 죽으면 내 처자식은 어떻게 살란 말입니까!" 긴장으로 가득한 그 순간, 한 사람이 조용히 앞으로 걸어 나온다. 아무도 예상하지 못한 그의 행동에 수용소장은 당황하며 권총을 꺼내 소리친다. "거기서! 이 폴란드 돼지 새끼!" 그러자 그는 침착하게 말한다. "저 사형수 중 한 사람 대신 내가 죽겠습니다." 이유를 묻자 그는 "나는 처자식도 없고 병들어 아무 쓸모없는 사람입니다"라고 대답한다. 수용소장이 "도대체 누구 대신 죽겠다는 건가?"라고 묻자, 그는 방금 전 울부짖던 젊은 포로를 가리킨다. 마지막으로 수용소장이 "너는 누구냐?"라고 묻자, 그는 조용히 대답한다. "가톨릭 사제입니다." 그리고 그는 다른 사람을 대신해 죽음을 선택한다.

나는 김상봉 교수가 쓴 『호모 에티쿠스: 윤리적 인간의 탄생』의 칸트 윤리학에 관한 장에서 콜베 신부 이야기를 처음 접했다. 이 책은 "누구나 생명에 대한 애착을 두고 있지만 콜베 신부는 자신의 생명을 타인을 위해 버릴 수 있었다"라고 말한다. 그는 비록 수감된 상태였지만 진정한 자유인이었다. 반면 포로들을 가두고 있었던 수용소장은 정작 그 자신이 체제와 욕망의 포로였다.[10]

칸트는 "우리는 육체에 속해 자연 법칙의 지배를 받지만, 정신을 통해 자유로울 수 있다"라고 말한다. 결국 자유란 외적인 조건이 아니라, 내면의 결단과 책임에서 비롯되는 것이다.

계몽의 양면성

우리는 칸트를 통해 계몽주의와 인류 역사에 대한 자연의 계획이라는 원대한 사유를 살펴보았다. 그러나 그 계몽의 결과 중 하나로 아우슈비츠를 만났을 때 우리는 근본적인 질문을 던지게 된다. 과연 이것이 계몽주의의 필연적 귀결일까? 계몽주의는 외부로부터 주어진 목적과 가치를 배제하고, 인간 내부의 이성에만 기대어 답을 찾으려 했다. 그러나 그 이성은 구체적인 목적과 가치를 제시하지 못했고, 결국 수단화되고 도구화된 이성을 통해 인간은 자기 보존에만 몰두하는 존재로 전락하고 말았다.

조너선 글로버Jonathan Glover는 『휴머니티』에서 20세기 전쟁과 학살의 통계를 제시하며, 인간 이성이 만들어낸 문명 속에서 얼마나 많은 생명이 파괴되었는지를 보여준다. 이 책에 따르면 1980년과 1988년 사이에 있었던 이란-이라크전쟁에서 대략 100만 명이 죽었다. 베트남전쟁에서는 200만 명이 죽었고, 한국전쟁에서는 300만 명이 죽었다. 1900년에서 1989년 사이에 대략 8,600만 명이 살해되었다. 그리고 전체 수의 3분의 2(5,800만 명)가 1, 2차 세계대전 기간에 살해당했다. 매일 전쟁으로 살해된 사람의 수는 2,500명이다. 이는 그 90년 동안 시간당 100명이 넘는 사람들이 하루도 빠짐없이 살해되었다는 말이다.[11] 여기서 언급된 전쟁은 모두 계몽 이후의 시대에 벌어진 일이며, 그 속에서 인간은 이성을 통해 자유를 얻기보다 오히려 그 이성에 의해 억압되고 파괴되었다.

프랑크푸르트학파의 호르크하이머[Max Horkheimer]와 아도르노[Theodor Wiesengrund Adorno]는 『계몽의 변증법』에서 "인간 해방을 이루려던 계몽이 결국 인간을 구속했다"라고 말한다. 계몽은 인간 외부로부터 주어진 목적이나 가치를 배제했지만, 내부적으로도 그것을 대체할 만한 구체적인 기준을 제시하지 못했다. 그 결과 이성은 도구적 이성으로 전락했고, 인간은 자기 보존이라는 본능에만 집중하게 되었다.

그렇다면 계몽의 기획은 실패한 것일까, 아니면 아직 완성되지 않은 것일까? 목적한 바를 이루지 못한 것은 분명하지만, 그것이 곧 실패를 의미하는 것은 아니다. 한나 아렌트, 위르겐 하버마스, 존 롤스 등은 칸트를 새롭게 읽으며 계몽의 가능성을 다시 열어가려는 노력을 계속하고 있다. 마이클 샌델 역시 칸트를 비판하지만, 그 비판조차도 칸트의 영향력 안에서 이루어지고 있다는 점에서 계몽의 기획은 여전히 현재진행형이라고 할 수 있다.

새로운 휴머니즘

슬라보예 지젝Slavoj zizek은 『탈이데올로기 시대의 이데올로기: 20세기에 대한 철학적 평가』에서 남아프리카공화국에서 벌어진 한 시위 장면을 예로 든다. 반인종주의 시위가 벌어졌고, 백인 경찰 부대가 흑인 시위자들을 해산시키며

추격하는 상황이 펼쳐졌다. 그 가운데 한 경찰관이 고무 곤봉을 들고 한 흑인 여성을 뒤쫓아 달려갔다. 그때 그녀의 신발 한 짝이 벗겨졌고, 경찰관은 깍듯한 예의를 갖춰 신발을 주워 그녀에게 건넸다. 그 순간 두 사람은 서로의 눈빛을 마주했고, 자신들이 처한 상황이 얼마나 허망한지를 깨닫는다. 지젝은 이 장면을 두고 이렇게 말한다. "그처럼 예의 바른 태도를 보인 다음, 다시 말해 벗겨진 신발을 건네주고 그녀가 신발을 다시 신을 동안 기다려준 다음 그가 그녀를 뒤쫓아 가 곤봉으로 내려친다는 것은 그야말로 '불가능한' 것이 되어 버렸다."[12] 결국 그 경찰관은 그녀에게 가볍게 목례한 뒤 몸을 돌려 다른 방향으로 걸어갔다.

이 이야기에서 우리가 읽어낼 수 있는 도덕적 교훈은, 경찰관이 갑자기 자신의 선한 본성을 발견했다는 데에 있지 않다. 인종주의 이데올로기를 극복할 수 있는 어떤 고결한 본성이 존재한다는 주장도 아니다. 여기서 결정적인 역할을 한 것은 그가 받은 '피상적인' 예절 훈련이다. 바로 그 예의가 인간성을 일깨운 것이다. 예의는 타인과의 관계에서 비판적 거리를 형성하며, 그 거리를 통해 인간다움이 드러난다. 지젝이 칸트를 옹호할 의도로 이 이야기를 한 것은 아니지만, 결과적으로 칸트의 철학을 지지하는 사례가 된다는 점은 분명하다.

지금까지 살펴본 칸트의 사유를 정리해 보자. 칸트는 인간 존엄을 바탕으로 인류의 미래를 구상했으며, 보편성의 원리를 통해 인류가 서로 소통할 가능성을 강조했다. 그의 철학은 보편주의 철학이며, 보편주의는 모든 인간이 공통된 기준을 통해 서로를 이해하고 대화할 수 있게 해준다. 문제는 오늘날 우리가 진정으로 인류적 소통을 이루고 있는가 하는 점이다. 이 질문에 답하는 것이 칸트 이후의 철학의 과제다.

우리가 칸트를 다시 공부하는 이유는 인간 존엄과 보편성이라는 철학적 기획이 오늘날에도 유효한 사유의 가능성을 제시하기 때문이다. 인간은 단순히 사고하는 존재가 아니라, 서로를 이해하고 공감하며 소통할 수 있는 능력을 갖춘 존재다. 그러나 이 능력이 실제로 작동하고 있는지에 대해서는 여전히 물음이 남는다. 지젝이 언급한 사례처럼, 때로는 피상적인 예의 하나가 인간다움을 일깨우기도 한다. 그렇다면 오늘 우리가 진지하게 고민해야 할 것은 이념이나 도덕성 이전에, 타인을 향한 가장 기본적인 존중과 거리감일 수 있다. 칸트의 철학은 그런 관점에서 인간 중심주의를 넘어 새로운 휴머니즘의 가능성을 보여 준다. 나아가 유엔이나 국제법의 근간을 형성한 그의 사상은 오늘날에도 여전히 살아 있으며, 새로운 휴머니티로 나아가는 길잡이가 된다.

미학과 정치

미학과 정치철학

4

인간에게는 평화를 이루며 공존하는 세계를
누려 나갈 역량이 있는가 하면,
그것을 파괴한 채 사적인 이익을 추구하는 힘도 존재한다.
우리에게는 세계시민으로서 둘 중 어느 쪽을 선택하고
누구와 함께할 것인가에 대한 문제가 남는다.
칸트는 우리에게 이렇게 묻는다.
"깨달음과 용기를 가질 것인가?"

보편주의의
운명은
어디로 향하는가

01

칸트가 몰랐던 탄트

이제 4부에서 우리는 칸트의 미학과 정치철학에 대해 살펴보려 한다. 앞서 다룬 3부의 내용은 엄밀히 말해 칸트 정치철학의 핵심이라고 보기는 어렵다. 실제로 칸트는 '정치란 무엇인가?'를 직접적으로 답한 정치철학서를 남기지 않았다는 것이 연구자들의 일반적인 견해다. 그렇다면 우리가 말하는 진정한 의미의 정치철학을 칸트에게서는 찾을 수 없는 것일까? 이에 대한 해석과 시도가 칸트의 미학과 더불어 이어지고 있다.

칸트를 한마디로 정의하자면, 그는 선험철학과 반성철학을 바탕으로 보편주의의 가능성을 열어놓은 철학자다. 그러나 오늘날 우리가 살아가는 21세기의 철학적 맥락에서 보편주의의 운명은 어떠한가? 이미 앞에서 잠시 언급했듯이 계몽주의의 결과로 나타난 보편주의는 여러 가지 한계를 드러낸다. 보편이라는 개념은 본래 공통적인 것을 중심에 두지만, 그럴수록 '다름'을 배제하는 경향이 생겨난다. 그렇기 때문에 보편주의로는 문화, 젠더, 정치적 다양성 등 오늘날 철학이 다뤄야 할 핵심 주제를 충분히 포괄하지 못한다.

바로 이런 이유에서 우리는 칸트를 새로운 눈으로 다시 읽어야 할 필요가 있다. 그의 사유 속에 명시적으로 드러나지 않았던 것들, 혹은 조용히 잠재되어 있던 요소들을 발굴해 냄으로써, 오늘날 보편주의로는 다루기 어려운 차이와 다양성의 문제를 어떻게 사유할 수 있을지, 또는 그 실마리를 어디에서 찾아야 하는지를 물으려는 것이다. 이처럼 21세기 철학적 요구 속에서 칸트의 사상은 지금도 유효한 쓸모를 품고 있다.

이 작업의 핵심 텍스트는 『판단력비판』뿐 아니라, 칸트 정치철학의 새로운 읽기를 시도한 한나 아렌트의 『칸트 정치철학』이다. 이 책은 과거 『칸트 정치철학 강의』라는 제목으로 번역 출간된 바 있지만, 표현상의 오역과 해석을 다듬어 『칸트 정치철학』이라는 제목으로 새롭게 출간되었다. 이 텍스트를 통해 우리는 칸트의 사유가 오늘날 정치철학적 맥락에서 어떤 방식으로 쓰일 수 있는지, 어떤 쓸모를 발휘할 수 있는지를 함께 살펴볼 것이다.

그렇다면 21세기의 특징은 어떻게 설명할 수 있을까? 역사학자들은 이를 '글로벌 조건 the condition of globality'이라고 표현한다. 이에 대한 구체적인 정의는 다음과 같다.

오랫동안 세계사와 문명사의 중심 주제였던 인류 humanity 개념은 이제는 더는 추상적 개념이 아니라 이미 모든 사람의 시야에 들어와 있는 실체다. 이 인류는 부자와 빈자, 권력자와 무권력자, 항의자와 말 없는 자, 신자와 불신자 등 극단의 양극화된 모습으로 존재한다. 인류는 단일한 동질적 문명을 형성하고 있지 않으며, 서양 근대 초기에 여겨졌던 것처럼 세계사를 가능하게 하는 것으로서 철학적 사유 속에 있는 것이 아니라 다양하고 현실적인 경제적, 사회적, 문화적, 정치적 활동 속에 각각 현존하고 있다.[13]

칸트 시대에 다루어진 세계사, 그리고 그 세계사를 가능하게 하는 조건으로서의 인류는 철학적 사유를 통해 상상하거나 개념적으로 구성된 것이었다. 그러나 우리가 살아가는 21세기는 이미 교통과 매스미디어의 발달로 인해 전 세계가 하나의 공동체처럼 연결된 시대다. 사실 '지구촌'이라는 말 자체가 이미 구시대적인 표현이 되었을 만큼, 오늘날 인류는 추상적인 개념이 아니라 현실 속에서 구체적으로 경험하는 존재가 되었다.

그뿐만 아니라 인류 내부를 들여다보면 그것은 '보편성'이라는 개념으로 포괄될 수 있는 것이 아니라, 극단적으로 양극화된 다양한 모습으로 존재한다. 부자와 빈자, 권력자와 비권력자, 그리고 불의에 맞서 강하게 저항하는 사람이 있는가 하면, 침묵하며 수긍해야만 하는 사람도 있다. 또한 극단적인 종교적 입장을 고수하는 이도 있으며, 그것을 거부하는 이도 존재한다. 이처럼 인류는 서로 다른 모습과 목소리로 구성되어 있는 현실적인 대상이다.

따라서 오늘날의 글로벌 조건 속에서 칸트의 보편주의가 그대로 적용되기는 어렵다. 이런 까닭에 칸트를 넘어서려는 다양한 시도들이 등장하고 있다. 하지만 동시에 칸트를 전적으로 배제하는 것도 불가능하다. 칸트가 짚어낸 사유의 방식과 원리는 여전히 이런 문제들을 다루는 데에 필요한 철학적 토대이며, 그것이야말로 오늘 우리가 칸트를 다시 공부하는 이유 중 하나이다.

정치철학의 과제

정치철학을 다루려면 우선 그 과제가 무엇인지부터 짚어볼 필요가 있다. 정치철학의 핵심 과제는 바로 '정치적인 것'을 사유하는 것이다. 그렇다면 '정치적인 것'은 과연 무엇을 뜻하는가? 이는 단순히 정치적 사안을 나열하는 것이 아니라, 그 사안이 가진 정치적 성격을 규명해 내는 것이다. 정치적인 것은 공적인 관심을 전제로 하며, 차이와 다양성을 토대로 구성된다. 따라서 겉보기엔 정치적 사안처럼 보이지만 실제로는 정치와 무관한 것들과 구별하는 작업이 중요하다. 예를 들어 '정치적인 것'과 '사회적인 것'은 언뜻 유사해 보이나, 본질적으로는 분명히 구별되는 개념이다.

두 단어의 기원 역시 이를 잘 보여준다. 'political'이라는 말은 고대 그리스, 특히 아테네를 중심으로 한 도시국가들에서의 정치적 현상을 가리키는 데에서 유래했다. 반면 'social'은 라틴어에서 비롯된 표현으로, 중세 이후 기독교 국가와 제국의 출현 속에서 정치가 사라지고 경제적 관계가 중심이 된 하나의 사회적 체계를 설명하는 개념이다. 이런 차이를 고려할 때, 우리가 흔히 사용하는 '인간은 정치적 동물이다'와 '인간은 사회적 동물이다'라는 두 표현은 서로 다른 의미를 지닌다. 말 그대로 분명히 구별되어야 할 표현이다.

사회적인 것의 핵심은 본질적으로 사적인 특성이 있으면서도 공적인 관심을 불러일으킨다는 점이다. 예를 들어 경제 문제는 사적 이익에 관련된 사안이지만, 동시에 우리 모두의 관심사이며 공론화될 수밖에 없다. 왜냐하면 이 분야는 기준과 척도가 존재하고, 전문적 적용과 해석이 필요하며, 'true'와 'false'라는 진리 판단의 문제이기도 하기 때문이다.

반면 정치적인 것의 특징은 의견과 가치의 문제이며, 차이와 다양성을 전제로 하는 영역이다. 즉, 정치란 인간의 복수성에 바탕을 둔 사유이며, 정치를 위해서는 다양한 목소리들이 충돌하고 조율될 수 있는 공적인 공간이 필요하다. 이 영역은 도덕이나 윤리, 진리의 문제를 다루는 것이 아니라, 오롯이 의견의 문제를 다루는 것이다.

예를 들어 '5+7의 답은 무엇인가?'라는 질문에는 '12'라는 분명한 답이 존재하므로 개인의 의견은 중요하지 않다. 하지만 정치적인 사안이나 우리가 삶 속에서 마주하는 여러 가지 관점과 가치의 문제는 이와 다르다. 이 영역에서는 정답이 아닌 의견이 중요하며, 이는 정치적 사유의 본질이 진리 추구가 아니라 이견 조율이라는 점을 극명하게 보여준다.

정치적인 것이란

정치가 의견의 영역이라면, 그 의견의 차이를 과연 어떻게 다뤄야 할까? 먼저 의견의 다름은 진리나 도덕의 기준으로 판단할 수 있는 문제가 아니다. 서로 다른 의견이 존재하려면, "네 생각은 그렇구나. 그런데 내 생각은 이래" 혹은 "동의하진 않지만 인정하고 받아들일게"라고 말하는 자세가 필요하다. 이런 인정과 수용 없이는 공동의 삶을 함께 구성하는 것이 불가능하다. 반면에 의견의 다름을 수학 문제처럼 하나의 정답으로 수렴하려 한다면 결국에는 폭력적인 방식이 개입될 수밖에 없다. 하지만 그렇다고 해서 모든 의견을 무조건 인정하는 것 역시 바람직하진 않다. 의견에도 좋은 의견이 있고, 나쁜 의견이 있기 때문이다.

그렇다면 정치적 의견은 어떻게 다뤄야 하고, 정치적 판단은 어떻게 가능할까? 이 질문에 답하기 위해서는 판단의 문제를 다룬 칸트의 『판단력비판』을 다시 살펴볼 필요가 있다. 한나 아렌트 또한 이 책을 통해 정치적 사유의 실마리를 찾고자 했다.

예를 들어 미술 작품을 감상하거나 음악을 들었을 때, 누군가가 "난 이거 정말 좋아!"라고 말해도 옆 사람은 "난 뭐가 좋은지 모르겠어"라고 반응할 수 있다. 이 경우, 그것은 진리나 도덕의 문제가 아니라 개인의 취향과 의견에 관한 것이다. 왜 좋은지, 왜 싫은지를 서로 이야기하며, 상대방의 견해를 수긍하거나 동의하진 않더라도 인정하는 태도를 통해 함께 살아가는 것이 가능해진다.

또 친구나 연인이 좋아하는 예술 작품이라면 내가 좋아하지 않더라도 함께 보고 듣는 일이 얼마든지 가능하다. 그러나 만약 그 대상이 도덕적 판단이 필요한 사안이라면 이야기는 달라진다. 예를 들어 사랑하는 사람이라 하더라도 그가 명백히 악한 일을 하거나 그릇된 선택을 한다면 함께하는 것이 허용되지 않는다. 한나 아렌트는 이런 점을 근거로, 칸트가 『판단력비판』에서 제시한 판단의 사유가 정치철학과 밀접하게 연결되어 있다고 보았다.

판단은
어떻게
이루어지는가

02

『판단력비판』의 구조

먼저 칸트의 『판단력비판』의 구조를 살펴보자. 다음은 『판단력비판』의 전체 구성을 한눈에 파악할 수 있도록 정리한 목차다.

서론

제1부 미적 판단력비판
    제1편 미적 판단력의 분석론

제1장 미의 분석론
취미 판단의 계기들: 성질, 분량, 관계, 양상
제2장 숭고의 분석론
수학적 숭고, 자연의 역학적 숭고
제2편 미적 판단력의 변증론

제2부 목적론적 판단력비판
제1편 목적론적 판단력의 분석론
제2편 목적론적 판단력의 변증론

부록 목적론적 판단력의 방법론

우선 『판단력비판』은 서론을 지나 크게 제1부 '미적 판단력비판'과 제2부 '목적론적 판단력비판'으로 구성되어 있다. 제1부는 다시 제1편 '미적 판단력에 대한 비판'과 제2편 '미적 판단력의 변증론'으로 나뉘는데, 내용 자체는 다르나 전체적인 구성은 마치 과학적 지성을 탐색하는 방식과 유사한 면이 있다. 제1편 1장에서는 미적 판단력이 어떻게 작동하는지를 분석하며, 특히 '취미 판단'이 이루어지는 방식을 핵심 주제로 다루고 있다.

이어지는 2장에서는 숭고의 분석론을 다루는데, 이 역시 매우 중요한 내용이다. 우리는 삶 속에서 종종 숭고미를 경험하게 된다. 예를 들어 '수학적 숭고미'라고 하면, 매우 난해한 수학 문제를 풀면서 그 세계에 매료되는 순간을 말할 수 있다. 수학을 좋아하는 사람이라면 이런 표현이 쉽게 와닿겠지만, 수학을 포기한 사람이라면 그런 종류의 미를 경험하기란 쉽지 않다. 그런데도 수의 세계가 오묘하다는 사실만큼은 누구나 어느 정도 알고 있다. 예를 들어 '가장 큰 수가 뭐냐?'라고 질문하면 누구도 답할 수 없다. 수는 끝이 없기 때문이다. 이렇게 수의 세계가 보여주는 끝없는 확장성과 거대한 구조를 인식할 때, 우리는 그 앞에서 작아지는 느낌과 함께 일종의 숭고함을 느낀다.

또한 칸트는 자연의 역학적 숭고에 관해서도 이야기한다. 자연의 역학적 숭고란 쉽게 말해 자연의 압도적인 힘 앞에서 느끼는 경이로움 같은 것이다. 미국 여행 중 직접 경험한 일이 있다. 요세미티 국립공원을 둘러본 뒤 늦은 밤 숙소로 향하던 중, 계곡 쪽으로 운전해 내려가다가 피곤함을 느껴 잠시 차를 세우고 밖에 나와 스트레칭을 하려는 순간이었다. 그때 나는 숨이 멎을 만큼 놀라운 광경을 마주했다. 계곡 양쪽으로 솟아오른 어두운 산그림자 사이로 떠 있는 하늘의 달은 압도적 경이로움 그 자체였다. 특히 검은색의 양쪽 계곡이 높이 솟구친 모습을 바라보며 나는 "악!" 비명을 질렀다. 또 한번은 그랜드 캐니언 국립공원을 여행할 때였다. 계속 이어지는 평지에 별 기대 없이 달리다가 아래로 펼쳐진 거대한 협곡을 마주한 순간, 몸이 움츠러들 정도의 놀라움을 경험했다. 이런 자연 앞에서 느끼는 역학적 숭고와 그것이 주는 감동은 각자 경험 방식은 다르더라도 누구에게나 비슷하게 다가온다.

칸트가 말한 미적 판단력의 분석론은 우리가 어떤 방식으로 미적 판단을 내리며 그것이 어떻게 보편성을 갖게 되는지를 다룬다. 여기서 말하는 미적 판단의 보편성은 『순수이성비판』이나 『실천이성비판』에서 다룬 이론적·실천적 보편성과는 완전히 성격이 다른 개념이다. 이 부분에 대해서는 뒤에서 다시 자세히 살펴볼 예정이다.

다시 『판단력비판』의 목차로 돌아가 보자. 이 책의 제2부 '목적론적 판단력비판'은 다시 제1편 '목적론적 판단력의 분석론'과 제2편 '목적론적 판단력의 변증론'으로 구성되어 있다. 칸트는 여기서 왜 갑자기 미적 판단과는 무관해 보이는 목적론을 이야기하는 것일까? 앞서 3부에서도 잠깐 언급했듯이 칸트는 자연이 인간에게 특정한 소질을 부여했으며, 그로 인해 인간에게는 보이지 않지만 결국 드러나게 될 어떤 내적 목적을 가지고 있다고 보았다. 세계사의 흐름을 통해 그 목적이 드러나는 과정이 바로 시민적 관점에서 바라본 보편사의 이념이라면, 『판단력비판』에서는 그 사유의 기반이 되는 인간의 내면적 목적성과 미적 판단 사이의 연결을 탐구한다.

판단이란 무엇인가

판단이란 한마디로 말해 주어와 술어를 결합하는 것이다. 이처럼 판단의 기본은 '연결'에 있다. 예를 들어 '백조는 희다'라는 문장은 '백조'라는 특정한 종류의 새와 '희다'라는 색깔의 분류를 연결해 백조를 흰 것들의 범주에 귀속시키는 표현이다. 우리가 알고 있는 것처럼, '백조는 희다'라는 판단은 분석적이며 항상 참이다. 하지만 만약 '백조는 붉다', '백조는 검다'라고 말한다면, 그것은 틀린 판단이다.

이처럼 판단은 어떤 특정한 대상을 더 넓은 범주에 속하도록 연결함으로써 그것이 맞았는지 틀렸는지를 따지는 행위다. 다시 말해 주어와 술어를 엉뚱하게 결합하면 잘못된 판단이 된다. 그런데 문제는, 우리가 판단해야 할 사건은 분명히 존재하는데 그것을 귀속시킬 보편적인 원리가 없다면 판단 자체가 어려워진다는 점이다. 그런데도 우리는 종종 판단을 내려야 하는 상황에 직면하게 되고, 그 판단의 어려움이 우리의 고민과 갈등을 만들어낸다.

칸트는 판단을 두 가지로 구분하는데, 하나는 규정적 판단이고 다른 하나는 반성적 판단이다. 규정적 판단이란 앞서 백조의 예처럼, 특수한 대상을 보편적인 규정에 포섭시키는 판단을 말한다. 이렇게 구체적인 사안을 보편적인 원리에 따라 판별하는 능력이 뛰어난 사람들이 바로 판사나 심판의 임무를 수행하는 이들이다. 어떤 사건이 벌어졌을 때, 그 사건에 적용할 수 있는 가장 적절한 법을 찾아내 최선의 판결을 내리는 것이다. 그러나 이 과정에서 권력에 휘둘리거나 정치적 목적이 개입된다면, 그것은 올바른 판단이라고 할 수 없으며, 그런 식으로 판결을 내리는 사람들은 판사의 자격이 없는 이들이다. 반면에 반성적 판단은 특수한 대상을 귀속시킬 보편이 존재하지 않을 때 내리는 판단이다. 칸트의 『판단력비판』은 규정적 판단이 아니라 반성적 판단에 대한 비판 작업이다.

『판단력비판』의 제1부는 미적 판단에 관한 내용이다. 예를 들어 레오나르도 다빈치의 〈모나리자〉를 보고 '아름답다'라고 말할 때, 그것이 왜 아름다운지를 물으면 말로 설명하기가 쉽지 않다. '미'라는 개념은 언어로 명확하게 규정할 수 있는 것이 아니기에, 예술 작품에 대한 미적 판단은 일반적인 보편성을 갖기 어렵다. 다시 말해 '이 작품은 아름답다'라고 판단할 수는 있지만, 그것이 '이런 범주에 속하는 것은 아름답고, 그렇지 않으면 아름답지 않다. 이 작품은 그 범주에 속하므로 아름답다'라는 식의 삼단논

법으로 설명될 수 있는 판단은 아니라는 것이다.

그런데 〈모나리자〉를 처음엔 잘 이해하지 못했던 사람도 설명을 듣다 보면 아름다움에 서서히 공감하게 되기도 한다. 그렇다면 예술 작품에 대한 미적 판단은 어떻게 보편성을 갖는 것일까? 칸트는 '아름다움'에 대해 공감할 수 있는 이유는 우리 안에 자리하고 있는 어떤 공통된 감각 때문이라고 본다. 다시 말해 인간이기 때문에 자연스럽게 '아름답다'라고 판단할 수 있는 어떤 기반이 우리 안에 있지만, 그 기반은 『순수이성비판』이나 『실천이성비판』에서처럼 개념적으로 명확하게 규정할 수 있는 종류의 보편성이 아니라, 일상의 삶 속에서 판단의 과정을 통해 형성되는 성격의 보편성이라는 것이다. 따라서 미적 판단의 보편성은 수학적 판단이나 윤리적 판단의 보편성과는 완전히 다른 성질의 보편성이다.

『판단력비판』의 제2부에서는 반성적 판단의 근거가 되는 합목적성 개념을 검토하며, 이를 '희망'이라는 문제와 연결 지어 설명한다. 예를 들어 '착하게 사는 사람은 복을 받는다'라는 주장은 현실적으로 성립되지 않는다. 실제로 세상에는 더없이 성실하고 바르게 살아온 사람이 다치거나 병들거나 세상을 떠나는 일이 흔하다. 그렇다면 이 말은 보편적 원칙으로 작동하는 것이 아니다. 그런데도 우리는 이 말에 어느 정도 공감한다. 그 이유는 무엇일까?

'착하게 살면 필연적으로 복을 받는다'라는 주장은 논리적으로 타당하지 않다. 그런데도 이 말이 여전히 호소력을 갖는 이유는, 인간 안에 자연적으로 주어진 목적성과 맞닿아 있기 때문이다. 그래서 이 말을 들으면 쉽게 반박할 수는 있어도 거부하기는 어렵다. 인간에게 부여된 자연적 목적성과 이 말의 방향성이 일치하기 때문에 이 말은 논리적이진 않으나 심층적 보편성에 가까운 공감을 형성하게 된다.

칸트는 이 합목적성을 판단력의 선험적 원리로 본다. 『실천이성비판』에서는 신의 존재와 영혼 불멸의 근거를 통해 인간 삶의 의미를 확장한다. 앞서 2부에서 살펴보았듯이 삶이 죽음으로 끝나는 것이 아니라, 살아서 받지 못한 복을 영원한 삶에서 받을 수 있다는 믿음을 가지려면 영혼은 불멸해야 하며 신의 존재 역시 필요하다고 본다.

그런 신은 선한 자에게는 보상을, 악한 자에게는 징벌을 내리는 존재다. 그런 신이 존재해야 우리는 이 세상을 선하게 살아갈 희망을 품을 수 있다.

앞서도 언급했듯이 칸트는 '나는 무엇을 알 수 있는가?', '나는 무엇을 행해야 하는가?', '나는 무엇을 희망해도 좋은가?'라는 세 가지 핵심 질문을 제시했다. 『판단력비판』은 이 중 '희망'에 대해 다룬다. 칸트는 우리가 희망할 수 있는 이유는 인간에게 합목적성이 주어졌기 때문이라고 말한다. 그리고 그 합목적성을 바탕으로 한 판단은 선험적이며, 미적 판단 역시 이 같은 구조 속에서 보편성을 획득하게 된다고 설명한다. 이는 인간의 능력 속에 이미 내재해 있는 것이다.

미적 판단과 정치적 판단

반성적 판단의 사례를 다시 정리해 보자. 우리는 레오나르도 다빈치의 〈모나리자〉 같은 예술 작품을 감상하며 감동적이라고 표현하곤 한다. 어떤 예술 작품을 보면서 아름다움을 느끼고 깊이 감동받는다는 것은, 바로 그 순간 미적 판단이 작동한다는 뜻이다. 그 작품에는 사람을 감동시키는 어떤 요소가 있어서 내가 그렇게 느끼는 것이다. 여기서 '나'의 감동이라는 주관적 경험의 가능 요소는 '모두'를 감동시킬 가능성에 열려 있으며, 그 감동의 요소는 다름 아닌 우리 안에 이미 존재하는 것이다.

얼마 전 이탈리아 피렌체에서 하나의 논란이 있었다. 한 여성이 바쿠스 상에 올라가 음란한 행위를 하는 사진이 SNS를 통해 퍼졌고, 이에 대해 많은 사람이 예술 작품에 대한 올바른 감상 태도가 아니라는 비판을 제기했다. 왜 그런 비판이 쏟아졌을까? 음란 행위의 목적은 욕구 충족에 있다. 그것은 성적 쾌감을 통해 개인의 욕망을 실현하려는 행위이며, 예술 작품의 미적 가치 판단과는 무관한 것이다. 이 동상의 미적 가치는 그런 욕구 충족이라는 목적과는 별개로 평가되어야 한다. 미적 판단은 인간에게 자연적으로 부여된 목적성에 부합할 때 미적 쾌감을 발생시키는 것이다. 반면 음란 행위는 다수의 사람에게 오히려 불쾌감을 일으키며 미적 판단의 영역을 오염시킬 수 있다.

또 우리는 '착하게 살면 복을 받는다'라고 말하기도 하지만, 영화 〈존 오브 인터레스트〉의 '아우슈비츠 사령관 루돌프 회스는 단지 나쁜 사람이라는 규정을 뛰어넘는 존재다'라고 말하기도 한다. 아우슈비츠에서 발생한 일들은 우리의 상상을 초월하는 전례 없는 악행이었기 때문에, 거기서 우리는 단순히 '나쁘다'라는 말로는 설명되지 않는 그 이상의 악을 마주하게 된다. 이처럼 세상에는 과거의 사례로부터 도덕적 규정이나 윤리적 원칙을 만들어낼 수 없는 사건들이 너무도 빈번하게 발생한다. 이것은 보편적 규정에 포섭될 수 없는, 선례 없는 경험의 새로움이다. 이런 상황에서 우리가 무엇을 보고, 어떻게 판단할 것인지가 바로 정치적 판단의 문제다.

이런 측면에서 보면 칸트의 『실천이성비판』은 정치철학의 텍스트가 아니라 도덕철학의 텍스트이다. 도덕철학은 정치와 관련된 제도나 국가 조직의 문제를 다루기에는 부족하다. 도덕은 개인적 행위에 국한되며, 정치는 본질적으로 공적 행위이기 때문이다. '나는 어떻게 행동해야 하는가?'라는 질문은 정치적 행위와는 거리가 있으며, 칸트가 말한 도덕적 행위는 타인과는 무관한 고립된 자아를 기반으로 한다. 그의 도덕은 개별적 의무 수행에 집중하며, 세계에 존재하는 삶의 다양성이나 인간 복수성에는 별다른 관심을 두지 않는다.

이에 반해 『판단력비판』은 복수의 인간을 다룬다는 점에서 정치철학에 가까운 텍스트이다. 정치적 판단은 보편적 원리에 근거하지 않고, 개별자를 그 자체로 다뤄야 하며, 그 판단은 반성적 판단의 성격을 지닌다. 홀로코스트의 경험이 그 대표적인 사례다. 그것은 도덕철학의 기반을 파괴한 전례 없는 사건이며, 기존의 도덕적 판단을 불가능하게 만든 사건이기 때문이다.

미학은
얼마나
정치철학적인가

03

미학에서 찾는 정치의 요소

한나 아렌트는 미학을 통해 정치철학적 요소를 탐색하는 전략을 취한다. 여기서 정치철학적 요소란 단순한 방법이나 기술이 아니라, 인간의 조건과 같은 선험적 기반을 다루는 것이다. 우리는 아렌트의 관점에 따라, 칸트의 미학을 바탕으로 정치적 사유의 가능성을 다음과 같이 정리해 볼 수 있다.

1. 『판단력비판』이 전제하는 인간의 복수성 → 정치의 조

건

2. 다양성을 평가하는 미적 판단, 취미 판단의 작용 방식 → 다양성을 다루는 방식
3. 미적 공통감각 → 정치적 판단의 보편화 가능성의 인식적 근거
4. 보편화 가능성의 조건 → 불편 부당성과 사유의 확장
5. 미각과 후각 기능의 특성 → 의견의 다름에 대한 판단의 실마리
6. 무관심한 판단자 → 세계시민적 관찰자의 태도

첫 번째 조건은 『판단력비판』이 전제하는 인간의 복수성이다. 이 복수성은 정치의 조건으로 기능하며, 아렌트는 이를 통해 정치적 사유의 출발점을 설정한다. 두 번째 조건은 다양성을 평가하는 미적 판단과 취미 판단의 작용 방식이다. 여기서 우리는 다양한 의견과 감각을 다루는 방식의 실마리를 발견하게 된다. 그리고 그 다양성을 다루는 판단의 근거는 인간이 공유하는 미적 공통감각이며, 이것이 세 번째 조건이다. 미적 공통감각은 정치적 판단이 보

편성과 타당성을 획득할 수 있는 인식론적 기반이 된다.

그 뿌리의 핵심은 예술 작품이 어떤 방식으로 타인을 설득할 수 있으며, 그 미적 판단이 보편화될 수 있다는 가능성에 있다. 내 생각이 보편화될 수 있다는 것은 곧 내 생각이 확장된다는 뜻이며, 이것이 네 번째 조건인 보편화 가능성의 조건이다. 이 조건은 판단의 확장성과 타자와의 소통 가능성을 열어주는 중요한 열쇠다.

이와 같은 판단의 구조를 설명할 때 흥미롭게 등장하는 것이 인간의 감각 중 미각과 후각의 특성이다. 이것이 다섯 번째 조건이다. 이는 의견의 차이를 어떻게 판단할 것인가에 대한 실마리를 제공할 뿐만 아니라, 나아가 정치적 행위로까지 이어질 수 있는 중요한 지점이 된다. 감각의 차이를 통해 우리는 의견의 다름을 인식하고, 그것을 존중하는 태도를 형성할 수 있다.

이런 사유의 확장은 결국 세계시민의 단계로 나아간다. 여섯 번째 조건은 무관심한 판단자이며, 여기서 한나 아렌트가 주목한 개념은 바로 '세계시민적 관찰자'다. 이는 특정한 이해관계나 편견 없이 사유하고 판단하는 태도를 뜻하며, 미학 속에서 정치철학의 핵심을 발견할 수 있는 중요한 조건이다.

이제 이 여섯 가지 조건들을 하나씩 살펴보며, 칸트의 미학이 어떻게 정치철학적 사유로 확장될 수 있는지를 탐구해 보자.

첫 번째 조건은 『판단력비판』이 전제하는 인간 개념이다. 여기서 인간은 단일하고 보편적인 존재가 아니라, 서로 다른 판단을 내리는 다양한 인간 군상으로 이해된다. 다시 말해 개별자로서의 개성과 고유한 삶의 방식을 지닌 존재다. 이런 인간 복수성은 삶의 다양성과 의견의 차이를 인정하는 개념이다. 우리가 판단의 주체로 살아가기 위해서는 다양한 사람들과 함께 살아가야 한다. 동질적인 공동체를 넘어 타자를 수용하고, 민족을 넘어 세계인으로, 국민을 넘어 세계시민으로 나아가는 것이 그 핵심이다.

두 번째 조건은 미적 판단이 작용하는 방식이다. 우리는 어떤 대상을 경험하면 지각을 통해 그 내용을 정신 속에서 이미지화한다. 이때 머릿속에 형성된 이미지와 실제 사물 사이에는 일정한 거리가 발생한다. 우리는 이처럼 머릿속에서 이루어지는 이미지와 개념 사이의 연결을 통해 판단을 내리는 것이다. 도덕적 판단 역시 마찬가지다. 어떤 사건이 벌어지면 우리는 그것을 내면화하고, 정신 속에서 그에 대한 판단을 구성한다.

예를 들어 앞서 언급한 피렌체의 바쿠스 상에 매달려 음란 행위를 한 사례를 떠올려보자. 그 장면을 본 순간 충격을 받을 수도 있고, 성적 욕구가 있다면 공감할 수도 있을 것이다. 그러나 미적 판단을 제대로 내릴 수 있는 사람이라면, 그 장면을 머릿속에 떠올렸을 때 육체적 욕구에서 벗어나 그것을 객관화해 판단하게 된다. 이때 발생하는 거리감이 바로 '비판적 거리'이며, 이런 거리는 외부 사물에 대해 객관성을 갖게 해준다. 육체적 감각이 직접적인 영향을 미치지 않도록 거리를 두는 방식이 바로 미적 판단, 취미 판단의 핵심이다.

이런 취미 판단은 다양성에 대한 판단으로 이어지지만, 중요한 것은 그 판단 기준이 소통 가능한가 하는 점이다. 다른 사람과 비판적 거리를 둔 상태에서 동일한 미적 판단이 가능하다면, 그것은 소통이 가능한 판단이다. 그렇지 않다면 소통은 불가능하다. 이 소통 가능성의 근거가 되는 것이 바로 '공통감각sensus communis'이다. 공통감각은 다른 사람들이 그 판단을 받아들일 수 있는지를 가늠하는 기준이며, 진리나 도덕의 문제와는 다른 차원에서 작동한다. 그것은 사적인 관심을 포함하면서도, 단순한 개인적 감각과는 구별되는 판단의 기반이다.

공동선을 위한 마음의 확장

세 번째 조건인 공통감각은 우리와 같은 감각을 다른 사람들도 지니고 있다는 사실의 근거이며, 이는 곧 소통의 가능성의 근거이기도 하다. 소통은 실제로 대면하고 대화하는 과정에서 시작된다. 예를 들어 친구나 또래들과 공감대가 형성된 상태에서 대화를 나누면, 한두 마디만으로도 동시에 웃음이 터지기도 한다. 하지만 같은 경험을 공유하지 않은 사람들과는 그런 상황이 쉽게 연출되지 않는다. 공감대가 없으면 일일이 설명하거나 질문하지 않으면 서로를 이해하기 어렵기 때문이다.

　이처럼 공동체 구성원들 사이에 자연스럽게 형성된 감각을 우리는 공통감각이라고 부른다. 이는 단지 몇 사람만의 공유물이 아니라, 우리가 속한 공동체 전체가 공유하는 감각이다. 소통은 실제로 얼굴을 마주하고 대화하는 과정에서 시작되며, 공통감각을 공유하는 사람들에게 내가 경험한 것을 비판적 거리를 두고 설명함으로써 가능해진다. 여기서 '설명'이란 논리적 설득이 아니라, 개성을 드러내는 대화 방식이다. 이런 대화 방식은 다음과 같이 진행된다.

- 듣는 사람과 함께 살아가는 공동체적 감각이 전제되어 있다.
- 자신의 의견을 어떻게 갖게 되었는지, 그에 대한 이유를 설명한다.
- 화자의 개성과 인격, 삶의 방식이 드러나는 일상적 대화 형식을 취한다.
- 자신의 의견이 소통 가능한지를 확인하고 실행하는 방식으로 말한다.

- 논리적 압박이 아니라 동의에 호소한다.
- 그렇게 형성된 의견에 동조하는 행위는 공동의 정치적 실천으로 이어질 수 있다.
- 소통 가능성이 큰 의견이 더 나은 혹은 옳은 의견이다.

설명이란 결국 나의 개성과 판단을 드러내면서, 동시에 상대방이 내 의견에 자발적으로 동의할 수 있도록 요청하는 것이다. 이런 방식의 의견을 들었을 때, 상대방은 열린 마음으로 공감하고 동의할 수 있다. 이것은 곧 정치적 소통 방식과도 연결된다.

미학을 토대로 정치적 요소를 찾는 네 번째 조건은 보편화 가능성이다. 나의 이야기가 보편화되려면 먼저 마음의 확장이 필요하다. 타인의 설명을 들으면서 자기 관점에 대한 집착에서 벗어나야 한다. 보편화된다는 것은 결국 다른 사람을 설득하기 위해 내 입장을 갖는 것이며, 특정한 관점에서 벗어나 타인의 관점을 고려하는 것이다. 만약 내가 내린 판단이 상대방의 이익과 충돌한다고 느껴진다면, 아무리 설득해도 상대방은 이를 받아들이기 어렵다. 그렇기 때문에 상대방의 공감을 얻으려면 나만의 이익을 내려놓아야 한다. '나도 이익이고 너도 이익이다'라고 말한다면, 그것은 보편화의 시도가 아니라 단순한 타협이나 협상의 시도에 불과하다.

다른 사람의 관점을 고려하면 자기중심적 사고에서 벗어나 마음이 확장되고, 마음이 확장되면 생각도 확장된다. 나의 특정 이익에만 맞춰져 있던 마음이 다른 모두를 향해 열리면, 내 생각 역시 보다 넓고 깊어진다. 그리고 이런 마음의 확장은 상상력을 통해 충분히 가능하다. 상상력과 반성을 통해 우리는 주관적이고 사적인 관점과 거리를 둘 수 있다.

보편화 가능성에 필요한 또 하나의 조건은 무관심성이다. 여기서 무관심성이란 개인의 이해관계에서 벗어나는 태도를 의미한다. 개개인이 저마다 사적 이익에 몰입하면 불편부당한 의견을 형성할 수 없다. 그렇기 때문에 같은 편이나 같은 당이라는 경계를 넘어서는 의견을 가질 때, 비로소 무관심성이 가능해진다. 우리의 자연적 지향성은 사유의 확장을 통해 극복할 수 있으며, 사적 이익에서 벗어나는 태도는 공공성을 획득하고 공동선을 실현하는 정치적 자세로 이어진다.

미각의 특성과 정치적 판단

미학을 토대로 정치적 요소를 찾는 다섯 번째 조건은 미각과 후각 기능의 특성이다. 이는 칸트의 『판단력비판』에서 가장 흥미로운 부분 가운데 하나다. 인간에게는 시각, 청각, 촉각, 미각, 후각의 오감이 있는데, 칸트는 이 감각들을 두 그룹으로 나눈다. 하나는 시각·청각·촉각으로 구성된 그룹이고, 다른 하나는 후각·미각의 그룹이다. 이 두 그룹에 서로 다른 기능이 있다.

먼저 시각·청각·촉각은 외부 세계에 관한 정보를 우리에게 제공하는 감각이다. 보고, 듣고, 만지는 모든 행위는 외부 세계와의 접촉을 통해 정보를 받아들이는 것이며, 이는 우리로 하여금 타인과의 소통과 토론을 가능하게 만든다. 이 그룹의 감각들은 '재현representation'을 가능하게 하는데, 재현이란 부재한 것을 현재 존재하는^{present} 것처럼 나타내는 기능이다.

반면 미각과 후각은 경험을 말로 정교하게 옮기기 어렵다. 예를 들어 와인의 맛을 설명할 때 우리는 쓴맛, 단맛, 신맛, 떫은맛 등으로 구분하거나 초콜릿 맛, 과일 맛 같은 비유적 표현을 사용한다. 결국 어떤 음식을 먹고 그 맛을 누군가에게 정확히 전달하는 것은 불가능하다. 그 경험은 개인적이며, 음식을 먹어보지 않은 사람은 설명만으로 그 맛을 상상하기 어렵다. 그래서 특정 음식을 먹으면서 '전에 먹었던 그 맛이구나'라고 떠올릴 수는 있지만, 그 맛을 그대로 다른 사람에게 설명하기란 불가능하다.

예를 들어 시골 식당에서 된장찌개를 먹고 어린 시절 할머니의 손맛을 느꼈을 때, 우리는 그 기억과 맛을 떠올릴 수는 있어도 그 맛을 정확히 말로 표현하기는 어렵다. 그 경험은 철저히 '나'에게 국한되며, 예술 경험 역시 이와 유사하다.

미각과 시각은 판단의 과정에서도 차이를 보인다. 시각은 눈으로 본 사물에 대해 판단을 유보할 수 있지만, 미각은 즉각적인 반응을 동반한다. 맛을 보는 순간 단맛, 신맛, 쓴맛 같은 감각이 즉각적으로 인식되고, 동시에 '맛있다' 또는 '별로다'라는 판단이 뒤따른다. 후각도 마찬가지다.

미각과 후각은 쾌快와 불쾌不快의 차이를 즉각적이고 직접적이며 강렬하게 경험한다. 예를 들어 고약한 냄새가 풍기면 우리는 순간적으로 얼굴을 찡그리고, 역한 맛을 보면 바로 뱉어낸다. 미각과 후각은 시각·청각보다 더 압도적이고 차별적인discriminatory 반응을 일으키는 감각이다. 그런데 이런 판단은 매우 주관적이기 때문에 보편성과 필연성을 갖지 못한다. 그래서 반성적 사유가 작동하기 어렵다.

예를 들어 내가 청국장찌개를 좋아한다고 했을 때, 옆 사람이 "나는 그거 별로야"라고 말했다고 해보자. 나는 그가 그 음식을 좋아하지 않는다는 이유만으로 그를 부정적으로 평가하지 않는다. 나는 그의 판단이 틀렸다고 여기지도 않는다. 우리의 미각과 후각은 여전히 판단을 동반하며, 이 판단은 판단자가 누구인지whoness를 드러내는 특징을 갖는다. 그와 달리 나는 청국장을 좋아하는 사람인 것이다.

쾌·불쾌의 경험은 동시에 승인 또는 불승인의 판단을

불러일으킨다. 예를 들어 청국장 찌개를 먹고 '어머니의 맛'을 떠올리며 감동할 수도 있지만, 그렇게 느끼지 않는다고 해서 잘못된 것은 아니다. 누군가는 동의하지 않더라도 그 감정을 '인정'할 수 있다. 이것은 옳고 그름의 문제가 아니라, 다름을 존중하는 문제다.

이때 동의 여부는 판단자가 어떤 사람인지를 보여준다. 찬동approbation이든 부동의disapprobation이든, 그것은 대화를 통해 형성되고, 그 자체를 존중하는 것이 '인정'이다. 핵심은 소통이 가능한가이다. 예를 들어 누군가 기괴한 음식을 먹으면서 "이건 꿀맛이야!"라고 말했을 때, 우리가 "그건 아니야. 그건 먹으면 안 돼!"라고 반응한다면 이는 소통이 이루어지지 않는 상황이다.

미학적 판단이나 정치적 판단도 이와 크게 다르지 않다. 우리는 타인의 의견에 동의하지 않을 수는 있지만, 그것을 도덕적으로 옳고 그르다고 판단할 수는 없다. 누군가 내가 지지하지 않는 사람을 옹호한다고 해서 그 사람을 비난할 수는 없다. 동의하진 않더라도 그 생각을 존중할 수 있다. 물론 어떤 기준이나 원칙에 부합하는지 따져볼 필요는 있을 수 있다.

정치적 의견이나 견해는 상대를 이해하는 하나의 단서가 된다. 특정인이나 정당을 지지한다고 말할 때, 우리는 그 사람의 가치관이나 사고방식에 대해 알게 된다. 그리고 그것이 비록 나의 생각과 다르다 하더라도, 그 입장을 인정하고 존중할 수 있다. 그것이 바로 정치적 소통을 가능하게 하는 방식이다.

세계시민으로의 확장은 가능한가

04

공통감각과 세계시민

예술 작품의 독특하고 특징적인 면에 대한 미적 판단은 보편적 진리 기준이나 도덕률에 따른 판단이 아니다. 미학적 판단은 타인과 공유하고 소통함으로써 예술적 타당성을 획득하며, 이것이 바로 미학의 특성이다. 정치적 의견도 마찬가지다. 찬동과 부동의는 언어적 소통을 통해 이루어지며, 그 기준은 그것이 받아들여질 수 있는가에 달려 있다. 찬성과 동의는 언어적으로 표현될 수 있지만, 실제로 그것을 받아들이는가는 또 다른 문제다.

결국 우리는 미적 판단과 정치적 판단이 모두 소통의 문제라는 사실을 알게 된다. 그리고 그 소통의 가능성을 판단하는 기준이 바로 공통감각이다. 공통감각은 타인과 함께 살아가며 언어적 소통을 통해 형성되는 것으로, 우리가 인간으로서 살아가기 위해 꼭 필요한 감각이다.

우리는 초감각적 세계의 고립된 판단자가 아니라, 공동체의 구성원으로서 판단한다. 다시 말해 공통감각은 공동체 감각이며, 공동체 안에서 살아가는 사람들의 상식이다. 이것은 정치적 행위를 통해 확보되는 공공성의 기준이 되며, 글로벌 시민의식의 토대이자 연대와 확산 가능성의 기반이 된다.

이런 확산의 최고점은 세계시민의 관점이라고 할 수 있다. 이것이 칸트의 미학을 토대로 정치적 요소를 찾는 여섯 번째 조건이다. 한나 아렌트는 칸트의 미학을 통해 시민의 입장을 강조한다. 시민은 구체적으로 행동하는 정치가가 아니라, 정치 행위를 지켜보며 전체를 판단하는 존재자다. 정치적 행위자가 그 행위를 제대로 수행하려면, 결국 시민의 관점을 자기 안으로 내면화해야 한다. 그래야만 올바른 정치적 판단이 가능해진다.

    행위자를 바라보는 관찰자의 시점을 행위자 스스로 내면화할 필요가 있으며, 시민은 그것을 지켜보며 정치적 판단을 내리고 의견을 제시하며 언어적으로 소통함으로써 세계시민의 관점으로 사고를 확장할 수 있다. 세계시민적 관찰자로 사고가 확장된 시민에게는 책임, 권리, 의무가 수반되며, 이런 관찰자는 소통 가능성이 가장 큰 올바른 판단을 할 수 있는 역량을 갖추게 된다.

칸트의 현대화는 가능할까

칸트는 보편주의 철학자다. 여기서 보편성이란 곧 소통 가능성을 의미한다. 더 넓은 소통을 위한 보편성은 구체성을 희생하며, 추상성이 높아질수록 더 보편적인 성격을 띠게 된다. 칸트 철학의 문제는 바로 이 보편성을 확보하는 과정에서 구체성으로부터 멀어진다는 데에 있다. 우리는 이처럼 보편성이 구체성을 배제하는 폭력의 문제를 해결해야 한다.

칸트는 『순수이성비판』과 『실천이성비판』을 통해 인간의 보편적 인식 구조와 도덕적 행위의 원리를 명확히 제시한다. 『판단력비판』에서는 미적 판단과 취미 판단이 지닌 보편성의 근거로 인간에게 주어진 내적 목적성을 설명한다. 그러나 칸트 철학이 21세기에 더욱 의미 있게 다가오려면 그 보편성이 어떻게 형성되고 작동하는지, 그리고 그 한계를 어떻게 극복할 수 있는지를 구체적으로 짚어볼 필요가 있다.

예를 들어 칸트는 『순수이성비판』에서 자기 자신을 성찰함으로써 인간이 보편적 인식 프로그램을 갖추고 있다는 점을 밝혀낸다. 그리고 그것이 선험적이므로 모든 인간에게 적용된다고 주장한다. 하지만 이런 보편성이 실제로 그러한지 아닌지는 확인할 필요가 있다. 특히 정치적 문제에 적용했을 때 더욱 그렇다. 그 보편성을 확인할 방법은 구체적인 소통, 즉 실제의 만남과 대화다. 그렇게 해야만 구체적인 현실이 보편성의 틀 안으로 들어올 수 있다.

이처럼 구체성을 확보하지 못한 채 보편성만을 강조하

면, 그것은 폭력적이 될 위험이 있다. 보편주의는 자칫 너무 쉽게 폭력으로 이어질 수 있다는 염려가 따른다. 따라서 구체성을 확보함으로써 폭력성을 해소하는 것이 칸트 철학의 현대화를 위한 핵심 과제다.

오늘날 칸트가 말한 보편성은, 특히 정치철학적 맥락에서는 보편화 가능성 혹은 일반화 가능성으로 재해석되어야 한다. 이런 보편화는 칸트가 강조한 조용한 자기반성과 고요한 독백의 형식이 아니라, 실제의 만남과 대화를 통한 소통의 방식으로 이루어져야 한다. 칸트의 선험철학은 본래 독백의 철학이지만, 그것을 대화적 철학으로 전환하는 것이야말로 오늘날 그의 보편주의를 의미 있게 만드는 중요한 과제다.

칸트는 보편주의 철학자이면서 동시에 비판 철학자다. 또한 그는 자유의 철학자, 인간 존엄의 철학자, 그리고 정치철학의 새로운 가능성을 연 철학자이기도 하다. 그럼으로써 그는 우리에게 세계시민의 관점이 어떻게 가능한지를 보여준 철학자다. 이것이 지금까지 우리가 이 책에서 살펴본 칸트 철학의 핵심이며, 간단명료하게 칸트를 정의하는 표현이기도 하다.

학자들 사이에서 종종 '칸트적'이라는 말을 일반적 표현으로 사용할 때, 여기에는 아는 것은 안다고 하고 모르는 것은 모른다고 말하는 엄격주의적 의미가 담겨 있다. 그런 점에서 칸트는 사유의 중심을 잡아주는 철학자다. 그는 우리에게 생각의 토대를 제공하고, 사유를 명확하게 정리해 줌으로써 인간 중심의 새로운 가능성을 열어주는 철학자다.

덧붙임

글로벌 시민으로 생각하기

민족과 시민과 글로벌 시민의식

5

인간은 공격성과 이기심을 내포한 존재지만,
그것을 제어할 수 있는 사회적·도덕적
장치를 만들어온 존재이기도 하다.
결국 우리에게 남은 질문은,
인간이 그런 윤리적 역량을 실현하는 방향으로
나아갈 수 있느냐는 것이다.
글로벌 시민의식은 바로 이런 선택에서 출발한다.
그것은 우리 안의 본능과 공동체적 사유 사이에서
어떤 삶을 살아갈 것인지에 대한 성찰을 요구하며,
개인이 자율적으로 형성한 도덕적 판단에 기반해
더 넓은 인간 공동체를 구성하는 실천의 노력이다.

세계시민이란 무엇인가

01

세계시민과 글로벌의 조건

앞서 3부에서 우리는 칸트가 구상한 세계시민 개념을 중심으로 그의 보편주의 사상을 살펴보았고, 4부에서는 칸트의 정치철학을 토대로 보편적 판단과 공동체 윤리의 가능성을 조명했다. 이제 5부에서는 그 사유의 기반 위에서, 세계시민이라는 개념이 오늘날 어떤 방식으로 다듬어지고 확장해 가는지를 탐색하고자 한다. 앞선 1부와 2부는 철저히 칸트의 사유에 입각해 구성되었고, 3부와 4부는 칸트의 철학을 오늘날의 쓸모라는 관점에서 재해석하려는 시도였다. 이제 5부에서는 칸트의 관점을 벗어나되, 그 해석을 토대로 세계시민적 사고가 현대적 맥락에서 어떻게 재구성될 수 있는지를 살펴볼 것이다. 그런 의미에서 5부를 '덧붙임'이라고 했다.

우리가 마주한 현실은 민족주의라고 하는 복잡한 정서적·정치적 힘을 배경으로 구성되어 있다. 민족, 종족, 부족 등의 정체성은 하나의 공동체 의식으로 작동하지만, 동시에 그것이 기반이 되는 애국심은 때에 따라 파괴적인 정치의 동력으로 작용하기도 한다. 반면 같은 애국심이 글로벌 연대의 토대가 되기도 한다. 이처럼 복합적인 관계 속에서 민족 단위가 아닌 시민적 연대의 구조, 즉 국가 제도를 매개로 하는 글로벌 정치 과정으로 나아가는 것이 '글로벌 조건'에 더 부합하는 방향이라고 할 수 있다.

먼저 우리는 '세계시민이란 무엇인가?', '그것은 어떻게 가능한가?', '세계시민주의가 지향하는 바는 무엇이며, 그 한계는 어디에 있는가?'를 묻지 않을 수 없다. 오랜 시간에 걸쳐 발전해 온 세계시민주의라는 표현이 오늘날에도 여전히 타당한 용어인지, 혹은 다른 언어로 대체되어야 하는지를 성찰해야 한다. 이런 맥락에서 우리는 더욱 정밀하고 실천적인 관점에서 '글로벌 시민'이라는 개념을 모색하게 된다. 이는 앞서 4부에서 언급한 '글로벌의 조건'이라는 새로운 상황을 반영하는 개념이다.

오늘날 글로벌 문제는 몇 가지 주요 양상으로 구분된다. 첫째는 금융 시스템과 같은 사회적 사안, 둘째는 세계 보편 윤리를 바탕으로 길을 찾아가는 도덕적·윤리적 사안, 셋째는 인류의 삶의 방식과 방향에 관한 다양한 의견들이 충돌하고 교차하는 정치적 사안이다. 특히 정치적 판단이 요청되는 이 세 번째 영역에서 우리는 다시 한번 칸트의 미학을 기반으로 사유를 전개한 한나 아렌트의 인식론적 관점을 새롭게 조명하게 된다.

글로벌 시민의식의 요청

마이클 샌델Michael Sandel은 『당신이 모르는 민주주의』에서 우리 시대의 민주주의가 위기를 맞게 된 배경 중 하나로,

세계 금융이 정치적 통제를 받지 않은 채 과도한 경제 권력을 행사하는 현실을 지목한다. 이에 대한 해법으로 그는 시민의식을 갖춘 시민들의 연대를 제안하며, 글로벌 양극화를 심화시키는 금융 자본의 영향력을 민주적 통제의 틀 안에서 조율해야 한다고 주장한다. 그런데 시민의 연대를 바탕으로 세계적인 금융 권력에 맞서는 것이 과연 가능한 일일까? 만약 가능하다면 그 동력은 어디서 비롯되며, 현실적인 한계는 무엇일까?

샌델은 1980년대 이후 세계화, 금융화, 능력주의 문화가 상호 강화를 이루며 오늘날 새로운 형태의 자본주의가 등장했고, 이로 인해 다양한 사회적 모순들이 발생하면서 민주주의 역시 균열을 겪게 되었다고 분석한다. 그가 말하는 민주주의 위기의 핵심은, 대기업과 금융 자본 같은 비정치적 세력이 전 세계적 영향력을 확장해 온 반면, 이에 대한 민주적 통제는 제대로 작동하지 않는다는 데에 있다. 민주적 통제는 제도적 장치를 기반으로 정의로운 정치적 과정이 실현될 때 가능하다. 특히 글로벌 차원에서의 통제는 국민국가의 틀을 경유하지 않고는 성립되기 어렵다.

따라서 이런 통제의 출발점은 시민의식의 형성이다. 글로벌 시민의식을 갖춘 시민들이 국민국가의 정부를 매개로 정치적 동력을 세계적으로 작동시키는 방식이 되어야 한다. 그리고 그 정치적 동력의 기반은 바로 시민들이 스스로 조직한 연대의 힘에서 나오는 것이다.

세계시민과 보편 윤리

세계시민이라는 말은 고대 철학자 디오게네스가 처음 사용한 것으로 알려져 있다. 누군가가 "어디서 온 사람인가?"라고 묻자, 그는 "kosmopolitēs"라고 대답한다. 이를 직역하면 '코스모스 폴리스의 구성원'이라는 뜻으로, 특정 도시국가나 지역에 속한 존재를 넘어 우주적 원리에 따르는 인간들의 연대로 이루어진 공동체의 일원이라는 의미로 해석할 수 있다. 디오게네스의 이 표현은 이후 스토아학파로 계승되어, 세계시민주의의 철학적 기반이 확장되는 계기가 되었다.

스토아학파의 사유가 자리하던 시기는 아테네 중심의 고전 도시국가 체제가 쇠퇴하고, 알렉산더 제국의 형성과 로마 제국의 부상이 이어지던 시대였다. 이 시기는 그리스 세계에서 문명과 야만의 구분이 점차 상대화되고, 정치 공동체의 개념 또한 확장되어 가던 흐름이 나타났다. 이런 맥락에서 스토아인이 언급한 '코스모스'는 단순한 지리적 연합을 넘어 보편적 인간성과 형제애, 곧 인류 전체를 하나의 공동체로 인식하려는 사유를 담고 있었다.

마사 누스바움 Martha Nussbaum 은 스토아학파의 세계시민주의적 관점이 갖는 핵심에 정의와 같은 근본적인 도덕적 가치에 대한 존중이 있으며, 모든 사람을 동료 시민이자 이웃으로 간주하는 태도가 자리한다고 지적한다. 이는 자기 삶의 방식에 대해 정의와 선의 기준에서 성찰하고, 이성과 도덕적 능력을 인간성의 핵심 요소로 인정하며 이를 최우선 가치로 삼는 태도를 의미한다. 나아가 국적이나 정치적 소속보다 보편적 인간애를 바탕으로 구성된 도덕 공동체에 대한 충성심을 먼저 품는 자세를 말한다.[14]

이후 세계시민주의는 시대의 흐름에 따라 다양한 이론

적 모습으로 발전했다. 글로벌 정의의 실현, 세계시민적 법체계 수립, 보편적 인권의 주장, 글로벌 민주주의의 가능성, 그리고 세계시민적 문화와 시민의식에 이르기까지 폭넓은 담론으로 전개되었다. 세계시민주의는 사상사 전반에서 때로는 비판적으로, 때로는 무비판적으로, 그리고 급진성과 보수성을 동시에 담아내는 방식으로 등장했으며, 현실 정치에 순응하거나 혹은 그 반대로 그것을 넘어서려는 의지를 담기도 했다.

이 개념은 한때 로마 제국의 팽창을 정당화하는 이데올로기로 작동하기도 했으며, 중세 기독교 세계관의 구성 요소로 활용되었고, 계몽주의 정치사상의 핵심 구조를 이루는 데에 이바지하기도 했다. 칸트는 이 사상의 현대적 재구성에 결정적인 역할을 한 철학자로 평가되며, '세계시민주의의 근대적 재창조자'로 불리기도 한다.

세계시민주의는 세계화 시대에 이르러 다시금 보편 윤리의 문제와 연결되며 재조명되고 있다. 21세기 초에 유네스코가 제안했던 '21세기 윤리를 위한 공동의 틀'이라는 프로젝트는 이런 세계화에 대응하는 윤리적 기획 중 하나였으며, 세계시민주의적 사유를 철학적 기반으로 삼았다. 이런 흐름은 서양 지성사의 저변에 깔려 있는 희랍적 '코스모폴리스' 이념이 21세기적 조건 속에서 새로운 의미를 부여받고 되살아난 예라고 할 수 있다.

세계시민주의와 오늘날 보편 윤리의 기획은 역사적 맥락은 다르지만, 세계질서의 자율성 앞에서 개인이 느끼는 무력감이라는 점에서는 유사한 정서를 공유한다. 헬레니즘 시대의 견유학파와 스토아학파는 급격히 확장된 세계 속에서 개인이 위축되고 낯선 미래에 직면했다는 감각을 공유했으며, 이는 현대 세계화의 시대에도 반복되는 정서이기도 했다. 세계화가 불러온 변화는 철학자의 사유만으로 방향을 근본적으로 바꾸기 어려웠으며, 오히려 보편 윤리의 기획이 개인을 세계화의 흐름에 편입시키는 사상적 장치로 작동한 것은 아닌가 하는 의문을 낳게 했다.

이런 관점에서 보면 스토아학파가 출현한 시대나 오늘날 세계화의 국면은 모두 개인의 주체성이 소외되는 시기였다. 김상봉이 말한 "극도로 위축된 개인에게 세계는 낯설고 미래는 불확실하며 나는 아무런 능력도 없다"라는 스토아 시대에 대한 평가는 우리의 시대에도 유효하다.[15] 이성적 사유에 기반한 보편 윤리조차 전체적 구조 앞에서 개인을 무력하게 만드는 "코스모폴리탄의 우울"을 벗어나기 어렵다. 결국 세계화란 개인이 어쩔 수 없이 수용해야 하는 시대적 흐름이었고, 토니 블레어가 말했듯이 계절이 바뀌는 것과도 같은 현상으로 여겨지는 시대적 조건이었다.

글로벌 조건과 글로벌 시민의식

최근의 세계적 변화는 마이클 가이어^{Michael Geyer}와 찰스 브라이트^{Charles Bright}가 말한 '글로벌 조건'을 만들어내고 있다. 세계화는 국민국가의 자율성을 약화시키고 사회의 해체와 파편화를 촉진했다. 그 결과 세계는 추상적 개념이 아니라 구체적이고 현실적인 형태로 우리 앞에 등장하게 되었다. 이 과정에서 공동체는 새롭게 정의되어야 했고, 오랫동안 문명사의 중심 개념이었던 인류^{humanity} 역시 더 이상 추상적 이상이 아니라 현실 속에서 극단적으로 분열된 모습으로 존재한다. 인류는 동질적 문명을 이루지 않으며, 철학적 사유 속에 있는 추상적 개념이 아니라 경제·사회·문화·정치 활동 속에 현존하는 실체다.

이런 현실을 바탕으로 가이어와 브라이트는 "역사는 종말에 도달한 것이 아니라 이제 막 시작되었다"라고 말하며, "처음으로 우리는 인간으로서 집단적 정체성을 구성하고, 그에 대한 책임을 지게 되었다"라고 주장한다.[16] 이런 글로벌 조건은 세계시민주의의 과제를 새롭게 구성하도록 요청한다. 이제 세계시민주의는 더 이상 보편성만을 지향할 수 없으며, 다양한 인류의 구체적인 관심사에 헌신해야 한다. 근대적 합리성의 관점을 넘어 비서구 전통의 문헌을 존중하고 그 고유함을 인정해야 하며, 나아가 휴머니티의 개념 자체를 확장해야 한다.

이런 세계시민주의는 단순한 객관성과 중립성, 초월적 시각을 넘어 다원성의 인정과 포용으로 나아가야 한다. 여기서 포용의 핵심은 타자에 대한 공감적 대우와 열린 태도다. 이런 정치철학적 접근은 루소의 일반의지 개념에서 가장 잘 드러나며, 일반의지는 단순히 수적 다수가 아닌 공동선을 향한 시민들의 선한 의지를 통해 작동한다. 이는 머리의 문제가 아니라 가슴과 양심의 문제이며, 주권은 바로 행동하는 일반의지다.

칸트는 이 루소의 일반의지 개념을 도덕철학 속에서 윤리적으로 정립했다. 이성에 의해 인도된 선의지는 자연적 본성을 넘어 보편적 입법의 원리에 부합하는지를 판단하게 되며, 그 기준은 누구나 따라야 할 정언명법의 형태로 제시된다. 이 사유는 오늘날 보편 윤리를 다시 묻고, 세계시민주의의 기반을 다층적으로 형성하게 한다.

칸트와 루소는 근대적 사유를 서로 다른 방식으로 정립한다. 칸트는 도덕철학을 철저하게 논리적 구조 속에서 설명하며, 이성에 기반한 정언명법을 통해 보편적 도덕법칙을 제시한다. 반면 루소는 '일반의지'를 핵심으로 삼는다. 다만 그 안에 내포된 차이와 다양성에 대한 고려가 부족하다는 점에서 비판을 받기도 한다. 현대의 윤리학과 정치철학은 이런 근대적 지향을 넘어서는 지점에서 출발한다. 무엇보다 중요한 것은 이질적인 타자와의 실제적 만남이며, 그 속에서 이루어지는 구체적인 대화다.

세계시민주의는 단순한 이데올로기가 아니다. 그것은 윤리적 태도이자 도덕적 지향성을 내포한 사유의 틀이다. 디오게네스 이후 오늘에 이르기까지 세계시민주의는 보편적 통합, 지구적 공존, 세계적 책임이라는 사상을 포괄해왔다. 다만 세계는 단일한 정치 공동체가 아니기 때문에 '세계시민'은 실제 정치 제도 안에 존재할 수 없다. 세계시민이라는 말은 오히려 개인의 의식 안에 형성된 정신적 자세를 가리킨다.

그러나 세계화가 초래한 균열과 복잡성을 직면한 오늘날, 변화를 만들어내는 주체는 추상적 개념에 머물 수 없다. 세계시민으로서의 의식을 행동으로 옮기려는 사람은 국가 구성원으로서 법적 권리를 토대로 정치적 자유를 실천하는 '시민'이어야 한다. 이런 의식을 우리는 '글로벌 시민의식'이라고 부를 수 있다.

글로벌 시민의식은 세계시민주의의 틀 안에 포함되지만, 그 개념은 좀 더 명료한 현실적 규정을 가지고 있다. 그것은 세계화된 정치·경제에 대한 이해, 글로벌 윤리에 대한 감수성, 문화적 다양성에 대한 개방성과 포용성, 그리고 실질적 대화에 참여하려는 의지로 구성된다. 시민적 연대를 바탕으로 글로벌 영향력을 발휘하고자 하는 태도가 그 핵심이다.

글로벌 시민의식은 결국 시민의식에서 출발한다. 글로벌 시민은 자신이 속한 정치 공동체 안에서 시민의 역할을 수행함으로써 성립될 수 있으며, 그 토대가 단단히 마련되어야만 세계적 관점에서의 연대와 실천이 가능해진다. 글로벌 시민은 무엇보다 시민이어야 한다.

민족, 부족
그리고
시민

02

민족주의의 장점과 한계

세계시민주의는 윤리적 지향으로서 보편성과 공존의 가능성을 열어주는 사상적 틀인 반면, 민족주의는 이념적 성격을 가진 집단적 정체성의 원리로서 공동체 내부의 행동과 규범을 구속한다. 세계시민주의는 국민국가 체제 속에서 구현되는 시민의식과 국제적 연대를 추구하지만, 민족주의는 고유한 언어·문화·기억·감정을 중심으로 결속된 민족성을 강조하면서 때로는 타민족에 대한 배제적 성향을 드러내기도 한다.

에르네스트 르낭Ernest Renan은 민족을 단순한 혈통이나 인종이 아닌, 과거의 기억을 공유하고 미래를 함께 살아가려는 공동의 의지를 지닌 집단으로 이해한다. 그는 민족의 정체성을 도덕적 양심으로 간주하며, 이는 끊임없이 재확인되는 공동 선택의 결과라고 말한다. 민족은 "매일매일의 국민투표"처럼 구성원들의 지속적 의지 속에서 존속하는 것이다.[17]

한편 마치니Giuseppe Mazzini는 민족이 공동의 가치, 권리, 목적을 공유할 때만 진정한 결속이 가능하다고 보며, 이를 조국에 대한 애정과 윤리적 감각으로 설명한다. 그는 진정한 애국심은 타민족을 해치지 않는 열린 연대의 자세가 필요하며, 민족주의가 민족을 독자적인 해결 주체로 보는 폐쇄적 태도에 빠져서는 안 된다고 경고한다.

그런데도 현실에서 민족주의는 종종 타민족에 대한 혐오나 배제로 작동하며, 전쟁과 갈등의 원인이 된다. 이에 대해 에이미 추아Amy Chua는 인간에 내재해 있는 부족주의의 작동을 지적한다. 부족주의는 소속에 대한 강한 욕망과 동시에 타집단에 대한 배제 본능을 품고 있으며, 정치적 부족주의는 감정적 상징과 정체성 경쟁을 강화시킨다. 특히 현대 사회에서 각 집단은 자신이 피해자라고 느끼며, 그 피해 서사가 다른 집단의 경계심과 비난을 낳는다.

에이미 추아는 심지어 자유주의적 엘리트들이 주장하는 세계시민주의마저 자신들만의 배타적 부족의 표식일 수 있다고 지적하며, 좌우 진영 간의 극단적인 혐오 감정과 정치적 분열도 이런 부족주의의 연장선에 있다고 분석한다.[18] 이처럼 오늘날의 민족과 부족의 정체성은 세계시민적 태도와 충돌하며, 민주주의와 사회적 통합의 과제를 더욱 복잡하게 만든다.

민족주의와 애국심

오늘날의 민족주의는 국민 전체가 집단으로 동일한 이념을 따르는 방식으로 작동하지 않는다. 오히려 국가 내의 특정한 정체성 집단이 공유하는 감정과 목표를 중심으로 결집할 경우에 민족주의는 그 집단의 부족주의적 연대를 강화하는 매개로 작용한다.

민족주의와 연결된 애국심은 두 가지 얼굴을 드러낸다. 하나는 자기에 대한 집착을 통해 민족을 폐쇄적 공동체로 만드는 정서이고, 다른 하나는 이를 넘어 더 넓은 세계로 향하려는 마음이다. 데이비드 밀러^{David Miller}는 애국심이 후자의 방향으로 확장되기 어렵다고 보고, 문화나 언어를 기반으로 형성된 애국심이 타문화를 향한 존중으로 이어지는 데에는 구조적 난점이 있다고 지적한다.[19]

이런 관점은 세계시민주의와 민족주의의 공존 가능성에 대한 질문으로 연결된다. 마사 누스바움이 중심을 이룬 애국주의-세계시민주의 논쟁에서, 네이선 글레이저^{Nathan Glazer}는 세계시민적 충성심이 민족주의의 정서적 결속을 넘어서기 어렵고, 국가 지도자들이 자국의 이익을 초월한 결정을 내리기 어렵다고 비판한다. 그는 세계시민주의의 정치적 실현 가능성 자체에 의문을 제기한다. 반면 칸트의 영향을 받은 시셀라 복^{Sissela Bok}은 지역적 애국심이 세계시민주의로 확장될 수 있다고 주장하며, 문화적 차이에 대한 이해와 인간성의 공유가 그 핵심이라고 말한다.[20]

결국 애국심이 세계시민주의로 발전할 수 있는지는 그 안에 내재된 배타성을 어떻게 다루는가에 달려있다. 폐쇄적 민족주의는 세계시민주의를 용납하지 않으며, 그 배타성은 부족주의적 본능에 기반한다. 이 맥락에서 우리는 민족이 아닌 시민을 정치적 행위자로 바라보는 시선에 주목하게 된다. 스티븐 슬로터Steven Slaughter는 공화주의적 관점에서 국가가 글로벌 책임을 다해야 한다고 주장한다.[21] 이는 시민이 국가의 글로벌 역할에 주체적으로 참여해야 함을 의미한다. 마이클 샌델 역시 민족 대신 시민, 조국 대신 공동체를 중심에 두며, 미국의 건국 사례를 통해 국가가 민족적 정체성보다 시민의 공공적 책무를 바탕으로 형성될 수 있음을 보여준다.

시민의식은 왜 필요한가

마이클 샌델은 시민이 시민으로서의 의식을 가져야 하는 이유를, 자국 내부의 문제들이 사실상 글로벌 차원에서 작동하는 힘에 의해 결정되고 있다는 현실에서 찾는다. 오늘날 우리가 마주한 분열은 단순히 좌파와 우파의 대립이 아니라, 개방과 폐쇄의 가치 사이에서 벌어지는 깊은 균열이다. 신자유주의적 세계화가 초래한 다양한 문제들을 두고 환경 협약, 인권 협약, 유럽 연합과 같은 초국가적 프로젝트들이 등장해 대응하고 있으나, 이들에 대한 사회 내부의 반응은 옹호와 저항으로 양분되고 있다. 특히 경제적 강자들이 글로벌 권력을 쥐고 있으면서도 세계화로 인해 확대된 빈부 격차에 대해 책임지지 않는 현실이 문제의 핵심으로 지적된다.

마이클 샌델은 이런 상황을 바로잡기 위해 글로벌 경제 권력에 대한 민주적 통제가 필요하다고 주장한다. 민주주의적 방식으로 경제 구조를 재구성해야 하며, 궁극적으로는 정치가들이 정치적 권한을 활용해 경제 권력을 제어하는 구조가 마련되어야 한다. 그러나 실제로는 정치권마저 시장 중심주의에 얽매여 있으며, 기술관료적 방식의 통치로 인해 구조적 문제 해결에는 접근조차 하지 못하고 있는 실정이다.

이런 배경 속에서 마이클 샌델은 시민이 효과적인 민주시민이 되기 위해 시민의식을 형성하는 일이 무엇보다 중요하다고 강조한다. 그러나 시민의식 형성에는 강력한 장애물이 존재한다. 바로 시민들이 시장 중심의 관념에 깊이 물들어 자신을 소비자로 이해하고 있다는 점이다. 소비자주의적consumerist 관점은 경제적 이익이나 효율에만 초점을 맞추며, 경제 발전이 자신의 삶에 어떤 혜택을 가져다줄 것인지에만 관심을 둔다. 국가 역시 이를 분배의 수단으로만 인식하고, 공공성을 숙고하거나 공동체에 대한 책임의식은 결여된 상태에 머문다.

이에 반해 시민의식을 갖는다는 것은 단순히 소비의 수혜자가 되는 것을 넘어 경제 구조에 관심을 갖고, 그것이 시민의 삶의 질에 어떤 영향을 미치는지를 숙고하는 것이다. 노동의 조건이나 생산 활동의 조직 방식을 살펴보고, 직장이나 공적 공간에서 자신의 삶을 주체적으로 통치하기 위한 발언 기회를 확보하며, 사회의 주인으로서 자기 인식을 갖추려는 태도가 시민의식의 핵심이다. 이를 위해 공동선을 숙고할 기회와 폭넓은 시민교육 또한 필요하다.

마이클 샌델은 개인은 자신이 속한 공동체로부터 분리된 존재가 아니라, 공동체의 가치와 기억을 몸에 지닌 채 시민의 모습을 갖춘다고 본다. 따라서 시민은 자신이 속한 공동체 안에서 연대를 이룰 수 있을 때 비로소 시민의식을 실현할 수 있으며, 이런 시민의식이 글로벌한 문제를 해결할 수 있는 역량으로 이어진다고 주장한다. 결국 글로벌 시민의식은 로컬한 시민의식에서 출발한다. 그는 사람들이 자신이 속한 정치 공동체를 통해 집단 정체성을 반영하는 정치적 합의를 형성하지 않는다면, 더 크고 멀리 있는 글로벌한 문제에 적극적으로 참여하기는 어렵다고 말한다.

글로벌
시민의식과
연대

03

세계시민주의와 정치적 연대

찰스 테일러는 애국심과 세계시민주의는 서로 대립하는 것이 아니라, 모두가 필요한 가치라고 말한다. 애국심은 현실에 참여하고 실천하는 사람들에게 강한 공동체적 연대를 제공하며, 세계시민주의는 그 연대가 향해갈 방향과 윤리적 기준을 설정해 준다. 그는 한 개인에게는 단일한 정체성만 있는 것이 아니라 복수의 정체성이 존재하며, 어떤 정체성에 충성할 것인지는 선택의 문제라고 본다. 그 선택에 있어서 세계시민주의적 연대에 대해 더 개방적이고 우

호적인 태도가 필요하다는 것이 그의 주장이다.[22]

세계시민주의적 활동 역시 공동체에 기반한 연대가 필요하다. 모든 정치적·사회적 실천은 연대 없이는 작동하지 않으며, 세계시민주의가 요구하는 연대는 기존의 부족주의적 결집과는 다른 결을 지닌다. 마이클 샌델은 글로벌 시민의식에 기반한 시민 연대가 세계적 금융 권력에 대한 민주적 통제를 가능하게 해야 한다고 주장한다. 글로벌 금융의 작용은 사회적 문제이며, 그로 인해 발생하는 양극화는 윤리적 문제이고, 이를 해결하기 위한 민주적 개입은 정치적 행위에 해당한다.

사회적 문제와 윤리적 문제, 그리고 정치적 대응 방식은 각각 다른 층위에서 작동한다. 샌델의 입장은 사회적 문제를 윤리적으로 인식하고 정치적으로 해결하고자 하는 것이다. 이를 위해서는 시민이 글로벌 금융의 작용 원리를 정확히 이해해야 하며, 그 이면에 있는 욕구와 이익 추구의 구조를 꿰뚫어 볼 필요가 있다. 금융권의 활동은 부의 불균형과 양극화를 불러일으키지만, 그에 대한 윤리적 책임은 회피한다. 따라서 시민은 이를 제도적 방식으로 통제하며 경제적 정의를 구현하는 주체가 되어야 한다.

이런 정치적 실천은 국민국가를 움직여 글로벌 정의를 실현하는 제도를 만드는 데에서부터 출발한다. 정치가가 국가를 글로벌 책임의 행위자로 만들기 위해서는 시민의식과 연대가 필요하며, 그런 의미에서 글로벌 시민의식은 필수적인 기반이다. 그러나 그 연대가 부족주의적 방식으로 작용하면 갈등과 배제가 심화될 뿐이며, 세계시민주의적 방향성을 잃게 된다.

한나 아렌트는 연대를 "정치적 관계 속에서 형성되는 것"이라고 설명한다. 그녀가 말하는 '정치적인 것'은 공적 영역에서 다루어져야 하는 문제들에 대한 관심이며, 그 속에 사적 관심이 침투함으로써 사회적 사안이 형성된다. 그러나 사회적 관심사는 본래 공적 사안에 비해 생존의 절실함과 더 강하게 연결되어 있기 때문에, 공적 관심은 그 그늘에 가려지기 쉽다.

그럼에도 불구하고 공적 문제들은 정치적 자유가 실현되는 공간과 연결되며, 공동체가 인간적이고 도덕적으로 유지되기 위해서는 반드시 다뤄져야 할 핵심 사안이다. 정치적 자유는 공동체의 구성원들이 스스로 만든 법 앞에서 평등하게 참여하고 결정하는 공간을 뜻하며, 이는 자연적 평등이 아닌 인위적 평등을 통해 확보되는 구조다.[23]

이런 정치적 구조에서는 시민이 자율적으로 법을 수립하고, 지배와 피지배의 구분 없이 권력을 함께 행사한다. 그 권력은 외부를 향한 폭력이 아닌 자기 자신에게 작동하는 힘이며, 그렇기에 국가의 권력은 폭력으로 이해되지 않는다. 이는 홉스의 계약론과 달리, 한나 아렌트가 주장하는 것처럼 시민의 정치적 자유가 국가 정당성의 기반이 된다는 입장이다.

이런 연대의 예로는 나치 독일의 지배하에 있었던 덴마크 시민들의 연대 행위를 들 수 있다. 당시 유대인들은 '다윗의 별'을 달도록 강요당했는데, 덴마크 시민들은 그 조치를 인권 침해로 인식하고 자발적으로 다윗의 별을 함께 달아 거리로 나섰다. 이는 유대인을 향한 동조가 아니라 고통에 대한 공감의 표현이었다.

이런 연대는 인간으로서의 수치심에서 비롯된다. 우리가 고난과 학대의 현실을 접했을 때 느끼는 수치심은 고통당한 자들과 그 사실을 인식하는 자들이 근본적으로 같은 인간이라는 인식을 통해 생성된다. 그 공감은 특정 집단을 넘어서는 것이며, 인류 전체에게 적용되는 포괄적 연대로 이어지는 것이다.[24]

칸트의 철학은 위에서 다룬 세계시민주의와 연대의 논의에 깊이 연결되어 있다. 그에게 인간은 단순히 개인적 자유를 누리는 존재가 아니라, 보편적 도덕법칙의 입법자로 작용할 수 있는 존재다. 이는 그가 정언명법을 통해 제시한 도덕철학에서의 중심 사상이다. 각 개인은 자신의 행동이 타인에게도 동시에 적용될 수 있는지를 판단할 수 있다는 사실이 거기에 담겨있기 때문이다.

따라서 시민이 공동체 안에서 자신의 판단 능력을 행사하고, 그 판단이 보편적 질서 속에서 인정받을 수 있도록 책임을 질 때, 글로벌 정의를 향한 윤리적 실천이 비로소 가능해진다. 칸트가 말하는 세계시민적 관점은 단지 국경을 넘는 연대가 아니라, 공동의 이성과 자유를 기반으로 한 보편 윤리의 실현이라는 점에서 오늘날 글로벌 시민의식의 철학적 뿌리를 제공한다.

글로벌 시민의식의 인식론

앞에서 살펴본 바와 같이, 한나 아렌트는 칸트의 『판단력 비판』을 참조해 인간의 공통감각에 주목하고, 이를 통해 정치적 판단의 가능성을 인식론적으로 규명한다. 이런 인식론적 접근은 오늘날 글로벌 시민의식의 기반이 되는 사유의 틀을 제공한다. 앞선 4부에서는 이미 공통감각이 어떻게 미적 판단과 정치적 판단의 근거가 되는지를 다루었다. 이제는 그 논의와 연결해 감각 기능의 차이를 토대로 공통감각이 어떻게 형성되고, 그것이 어떻게 정치적 연대와 인간 이해의 기반이 되는지를 살펴보자.

칸트는 예술을 창작하는 데에 있어서 천재와 평범한 사람 사이에 큰 차이가 존재하지만, 예술에 대한 판단에는 범인과 천재, 배운 자와 무지한 자 사이의 차이가 거의 없다고 본다. 그는 예술적 판단을 가능하게 하는 기능으로 공통감각을 제시한다. 이는 단지 인지적 능력이 아니라 인간이 공유하는 감각의 기반이며, 개별적 취향을 넘어 소통 가능성에 기초한 판단 기능이다. 공통감각의 반대는 '사적 감각'인데, 이는 논리적 기능처럼 전제와 결론만으로 구성되어 공적인 소통을 요구하지 않기에 '이성의 사적 사용'과 연결된다.

칸트는 공통감각의 기초를 '취미taste'에서 찾으며, 이는 단순한 기호를 넘어 미적 판단의 기능을 말한다. 이때의 'taste'는 오감 중 '미각'과 연결되기도 하는데, 미각과 후각은 소통 가능성이 제한된 감각이다. 우리가 눈으로 본 것은 다른 사람과 확인하고 토론할 수 있지만, 우리가 느낀 맛이나 냄새는 말로 옮길 수 없기에 경험은 개인에 국한된다. 감각 간 재현 능력의 차이는 이런 판단의 성격을 바꾼다. 시각은 기억을 통해 재현이 가능하나, 미각은 즉각적인 반응만 있을 뿐 재현이 어렵고 판단은 감각과 동시에 이루어진다.

그렇기에 미각과 후각에서 일어나는 판단은 논리적이거나 도덕적인 승인·불승인과는 거리가 있으며, '그 사람이 누구인지whoness'를 드러내는 것이다. 이런 판단은 옳고 그름이 아니라, '그 사람의 감각 세계와 반응'에 대한 이해로 이어진다. 두 사람이 같은 것을 맛보았을 때 서로 다른 반응을 보인다면, 이는 판단 내용이 아니라 판단자에 대한 인식을 유도하는 것이다. 찬동과 부동의는 대화를 통해 이어지며, 미적 판단이나 정치적 판단에서도 중요한 의사소통의 기반이 된다.

예술적 판단은 참과 거짓 혹은 도덕적 옳고 그름을 판별하는 것이 아니지만, 소통이 가능한 판단이라는 점에서 그 타당성을 갖는다. 정치적 판단 역시 마찬가지다. 정치적 의견에 대한 찬동과 부동의는 그것이 공유되고 받아들여질 수 있는지, 즉 '소통 가능성communicability'의 여부에 따라 그 의미가 결정된다. 이 소통 가능성의 판단은 바로 공통감각을 통해 이루어지며, 인간이 공동체의 일원으로 살아가고 있다는 사실에 기반을 둔 감각이다.

한나 아렌트는 이처럼 사적이고 주관적인 감각 속에 존재하는 공통감각을 통해 공공성에 대한 통찰로 나아간다. 'sensus communis'라는 라틴어 표현은 데카르트적 이성 중심주의에 대응해 잠바티스타 비코Giambattista Vico가 제시한 것으로, 공동체 구성원들 사이에서 공유되는 감각을 가리킨다.[25] 이 개념은 칸트에게로 와서 추상적 관념을 넘어 현실 세계의 인간 공동체 속에서 형성되는 정치적이고 윤리적인 감각으로 자리 잡는데, 그 중심에는 '휴머니티'에 대한 인식이 있다.

이 휴머니티는 글로벌 시민의식이 지향하는 핵심이기도 하다. 다양한 개인들이 함께 모여 정치적 공간을 마련하고, 언어를 통해 의사 합의를 이루며, 공동행위를 실현하는 과정에서 형성되는 연대는 공통감각에 바탕을 둔다. 글로벌 시민의식이 실천되기 위해서는 각자의 감각 세계를 넘어 타인과 함께 살아가며 판단하고 소통할 수 있는 감각이 필요하다. 그것이 바로 공통감각이며, 이는 곧 정치적 행위를 통해 확보되는 공공성의 기반이 된다.

**성장을 위한
교육과
실천**

04

인간의 공격성과 도덕의 기원

글로벌 시민의식에 기대를 거는 일이 너무 낙관적인 접근은 아닐까? 인간을 이성적 존재로 규정하는 철학적 관점은 오랜 시간 동안 도덕의 가능성을 구성하는 핵심 토대가 되어왔지만, 그것이 인간 본성의 어두운 면, 즉 공격성과 자기중심성을 지나치게 간과한 것은 아닌지를 묻는 시선도 존재한다. 인간은 단지 합리적 존재라기보다, 진화의 산물로서 생물학적 조건과 본능의 영향을 받는 존재다.

진화생물학자 콘라드 로렌츠^{Konrad Lorenz}는 『공격성에 관하여』에서 인간의 공격성과 도덕의 형성 사이의 역설적인 관계를 설명한다. 그는 동물의 행동을 분석하면서, 사회적 유대와 도덕적 조절 능력이 공격성과 어떻게 연결되어 있는지를 살핀다. 특히 인간의 신체는 맹수들과 달리 다른 개체를 죽일 수 있는 날카로운 발톱이나 이빨과 같은 살상 장치를 갖추고 있지 않다. 그러나 인간은 도구를 사용해 그런 살상 능력을 획득했고, 그로 인해 자연적 억제 시스템이 작동되지 않는다는 점에서 더 위험한 존재가 되었다.[26]

동물들은 본능적으로 서로를 죽이는 것을 억제하는 장치를 갖추고 있지만, 인간은 본능을 제어할 기제를 갖추고 있지 않기 때문에 살인을 포함한 과도한 공격이 가능해졌다. 이런 상황에서 인간은 도덕을 통해 살상 억제 기제를 내면화해야만 했으며, 그것이 바로 사회성과 공동체 윤리로 이어졌다. 로렌츠는 이런 도덕이 인간 진화 과정에서 등장한 적응의 결과라고 설명하며, 자율성과 책임이라는 인간의 윤리적 능력을 생물학적 조건의 산물로 해석한다.

이 관점은 칸트가 말한 인간의 자율성과 윤리적 판단 능력, 그리고 세계시민주의가 지향했던 보편 윤리와도 깊이 연결된다. 칸트는 인간이 이성과 도덕법칙에 따라 판단하고 행동하는 존재라고 보았으며, 그 능력이 인간다움의 근거라고 생각했다. 그러므로 로렌츠의 진화적 설명은 칸트의 철학을 반박하기보다는, 인간이 그런 윤리적 자질을 어떻게 얻었는지를 설명하는 생물학적 기반을 제공한다고 볼 수도 있다.

이처럼 우리는 인간의 본능을 객관적으로 인식하면서도, 그것을 극복하기 위한 윤리적 자율성과 공동체적 책임을 동시에 강조할 수 있다. 인간은 공격성과 이기심을 내포한 존재이지만, 그것을 제어할 수 있는 사회적·도덕적 장치를 만들어온 존재이기도 하다. 결국 우리에게 남은 질문은, 그런 윤리적 역량을 실현해 나갈 수 있느냐는 것이다.

연대와 교육: 글로벌 시민의식의 성장 조건

인간의 본능을 넘어 평화와 연대를 실현하려면 교육이 필수다. 에이미 추아는 정치적 부족주의가 단순한 교육으로는 제거될 수 없다고 말한다. 종족성과 집단 정체성은 생물학적 본능의 일부이며, 그것이 정치 영역에서 작동할 때 갈등은 격화된다. 그러나 에이미 추아 역시 이 본능을 정확히 인식하고 제어할 수 있어야 해결책을 찾을 수 있다고 강조한다. 정치적 부족주의는 시민의식과 도덕적 통찰을 통해 다루어야 하며, 그 과정을 위한 학습이 필요하다는 점에서 교육의 필요성은 여전히 유효하다.

마사 누스바움은 세계시민주의를 실현하기 위해서는 교육이 필수라고 주장한다. 그녀가 말하는 교육은 단순히 세계의 정보를 이해하는 데에 그치지 않고, 자아에 대한 성찰, 국제적 협력의 필요에 대한 인식, 다른 지역과 사람들에 대한 도덕적 책임의 자각을 모두 포함하는 포괄적 과정이다. 교육은 개인을 넘어 타인을 이해하고, 차이를 수용할 수 있는 시민을 길러내는 과정이다.

글로벌 시민의식은 세계시민 교육의 범주 안에 포함되지만, 그것은 더 구체적인 만남과 대화의 필요를 포함해야 한다. 마사 누스바움이 말한 제도적 해결이나 윤리적 책임 외에도, 실제적인 상호 작용을 통해 차이를 경험하고 이해하는 교육이 반드시 필요하다. 콰메 앤서니 마피아^{Kwame} $^{Anthony\ Appiah}$는 타자와의 대화를 단순한 합의의 도구가 아니라, 존재 자체에 대한 존중의 과정이라고 말한다. 그는 "만남이 적절히 이루어진다면, 그 자체가 본질적으로 가치 있다"라고 말하며, 대화가 합의를 목표로 하지 않아도 서로를 익숙하게 만드는 것이 목적이라는 점을 강조한다.[27]

글로벌 시민 교육은 인간에 대한 이해와 타자와의 만남을 통해 이루어지는 인식의 확장이며, 평화로운 공동체의 구성원이 되기 위한 인문학적 기반이다. 우리가 어떤 인간이어야 하는지, 어떤 시민으로 살아가야 하는지에 대한 질문은 바로 이런 교육의 실천을 통해 구체적으로 다가온다.

도덕적 용기와 선택의 가능성 열기

칸트는 인간을 낙관적으로 바라보았다. 그의 철학은 인간에게 선험적으로 주어진 이성과 도덕적 판단 능력이 있다는 신념 위에 놓여 있다. 그는 인간에게는 이런 조건들이 본래 장착되어 있으며, 그것들이 인간다움의 실현을 가능하게 한다고 보았다. 오랜 역사를 통해 그런 윤리적 조건들이 점진적으로 실현되어 왔다는 판단은, 그가 세계사의 진보 가능성을 낙관적으로 전망했던 이유이기도 하다.

그러나 그 역시 인간의 이기성, 탐욕, 반사회적 본성에 대한 현실적인 인식을 결코 외면하지 않았다. 인간은 동물적 성향과 욕망을 내포한 존재이며, 그것이 사회적 갈등과 폭력의 원인이 된다는 사실도 분명히 알고 있었다. 그렇기 때문에 그의 철학은 마냥 낙관적인 기대가 아니라, 자율성과 윤리적 책임에 대한 요구와 실천의 철학이었다.

로렌츠의 진화생물학적 설명은 칸트의 선험주의와는 출발점이 다르지만, 인간이 평화를 실현하기 위해 도덕성과 책임감을 내면화해야 한다는 결론에서는 공통점이 있다. 로렌츠는 인간이 살상 무기를 갖지 않았기에 본능적인 억제 장치를 갖추지 못했고, 그 결과 인간에게는 도덕과 정치적 제도라는 사회적 억제 장치가 필요해졌다고 말한다. 이는 인간이 공동체를 유지하기 위해 평화와 연대를 실현해야 한다는 칸트의 철학적 사유와 닿아 있다.

우리 인간은 이미 평화를 실현하고, 공존을 유지할 수 있는 역량을 갖추었다. 동시에 우리는 그 세계를 파괴하거나 사적 이익을 추구하는 방향으로 움직일 힘도 가지고 있다. 시민으로서의 우리는 어느 쪽을 선택할 것인가라는 질문 앞에 서 있다. 이 선택은 중립적인 것이 아니라 실천적 판단과 도덕적 용기를 필요로 한다.

칸트의 질문은 결국 이것이다. '그런 깨달음과 용기를 가질 것인가?' 우리가 이성과 자율성, 공공성과 책임의 감각을 지닌 시민으로 살아갈 것인지, 아니면 본능과 이기심에만 머물 것인지를 묻는 것이다. 이것은 단지 철학적 물음이 아니라 정치적이고 윤리적인 선택이기도 하다.

글로벌 시민의식은 바로 이런 선택에서 출발한다. 그것은 우리 안의 본능과 공동체적 사유 사이에서 어떤 삶을 살아갈 것인지에 대한 성찰을 요구하며, 개인이 자율적으로 형성한 도덕적 판단에 기반해 더 넓은 인간 공동체를 구성하는 실천적 노력이다. 우리는 그 세계를 지속 가능하게 만들 수 있으며, 그를 위해서는 교육과 연대, 그리고 인간의 이성을 신뢰하는 태도가 필요하다.

결국 칸트의 철학은 오늘날에도 여전히 유효하다. 그것은 인간을 단순히 낙관적으로 바라보는 시선이 아니라, 인간에게는 본성의 어둠을 직시하면서도 그것을 넘어설 수 있는 능력이 있다는 사실에 대한 확신이다. 그런 의미에서 칸트는 우리에게 실천적 질문을 던진다. 지금 이 시대를 살아가는 시민으로서 우리는 '그런 깨달음과 용기를 가질 것인가?'라는 물음 앞에 스스로 묻고, 선택하고, 실천해야 한다. 이 물음에 대한 각자의 응답이, 결국 우리 시대의 공존과 평화를 결정할 것이다.

에필로그

독백을
넘어
대화로

지금까지 우리는 다섯 번의 칸트 수업을 가졌다. 칸트의 철학은 그 중요성을 애써 입증할 필요가 없을 정도로 많은 사람이 오랫동안 깊이 숙고해 온 대상이다. 비전문가인 내가 감히 칸트 수업을 진행한 이유는 그동안의 나의 알량한 철학 경륜에 있어서도 칸트에게 배운 바가 지대했기 때문이다. 물론 이 수업은 칸트 철학에 대한 나의 지식의 천박함을 고백하는 것에 불과하니, 부끄러운 일이 아닐 수 없다. 이런 만용의 이유가 칸트의 모습을 내게 중요했던 수준에서 정리해 그것을 사람들과 나누고 싶은 욕심 때문임을 고백해야 한다. 과거 학부 졸업논문을 칸트의 『순수이성비판』과 『실천이성비판』을 연결해 썼던 기억을 시작으로 칸트는 내 철학 이력의 기조에 항상 자리해 있었다.

강의의 처음은 칸트의 철학 자체를 충실하게 서술하는 데 초점을 두었다. 그러나 현명한 독자들께서 이미 간파하셨겠지만, 강의의 어느 지점부터는 오늘의 시점에서 칸트를 해석하고 활용한 내용을 조금씩 섞었다. 이것은 내가 칸트 철학의 가치를 여전히 인정하면서도 그에게서 한두 걸음 정도 벗어난 모습을 반영한다.

칸트에 대한 비판 가운데 내게 가장 의미 있고 설득력 있었던 것은 칸트의 철학이 독백적monological이라는 비판이었다. 독백monologue은 혼자 하는 말이다. 그는 홀로 반성했고 그렇게 생각한 내용이 모든 사람에게 적용되는 보편성을 갖는다고 믿었다. 그런데 그의 그런 발견은 도대체 어떻게 가능했던 것일까? 어떻게 자신의 의식에 대한 반성적 분석만으로 그 결과에 이른 것일까?

칸트 이후의 철학자들 가운데는, 그가 의식과 반성이라고 부르는 것의 저변에 우리 인간이 태어날 때부터 너무나 익숙하게 사용해서 그 존재를 잘 의식하지 못한 언어의 작용이 존재한다는 사실에 주목한 이들이 있었다.

우리는 언어 없이 생각할 수 있을까? 그것은 불가능하다. 말하는 과정에서 형성된 인간의 언어 능력이 우리의 사유 가운데서 작용한다. 말 없이는 논증적인 사유가 불가능하다. 사유와 말은 마치 벽돌집과 벽돌의 관계와 같다. 벽돌 없이 벽돌집은 존재할 수 없다. 우리의 사유는 언어로 구성된다.

그렇다면 우리가 반성적 사유를 통해 알게 된 것은 언어의 사용을 가능하게 하는 의식의 구조이며, 동시에 이 구조는 우리가 사용하는 언어를 통해서만 구체적으로 알 수 있게되는 셈이다. 이것을 입증하는 것은 칸트가 글쓰기를 통해 지속적으로 언어를 사용하고 있다는 사실이다. 하지만 우리가 유의해야 할 점은, 언어는 결코 개인이 만드는 것이 아니라, 언어 공동체가 역사적으로 형성해 온 결과물이라는 점이다. 이 언어는 전통을 통해 나에게까지 내려온 것이며, 어린 시절부터 이런저런 모양의 교육을 통해 내가 습득한 결과물이다. 그래서 가다머[Hans-Georg Gadamer]는 언어가 전승된 것이라고 한다.

개인의 의식이 완전히 독립적으로 존재하는 단독자인 것처럼 생각하는 것은 큰 오류다. 현재 나의 생각과 내 의식의 형성은 언어 작용의 결과물이다. 마치 물속에 완전히 잠겨 있는 것처럼 나는 내가 속한 언어의 공동체 속에서, 그 영향의 한가운데서 형성된 것이다. 그래서 의식과 자기의식을 가진 '나'가 공동체로부터 독립해 단독자로서 존재하고 사고한다고 생각하는 것은 착각 중의 착각이다.

강의 뒷부분으로 들어갈수록, 특히 4부에서 보았던 것처럼 우리는 칸트 자신도 차이의 요소를 있는 그대로 인식하고 평가하는 데에 주목했다는 것을 알 수 있었다. 그리고 그 입장에서 우리는 5부에서 보았던 것처럼, 세계시민을 '글로벌' 특성으로 이해해야 한다는 지점까지 나아갔다.

칸트 이후의 세대가 의식과 사유에 있어 언어의 중요성을 포착해 드러냈다고 해서 칸트의 탁월성이 부정되거나 경감될 수는 없다. 다만 칸트가 주목하지 못했던 지점에서 칸트를 평가하자면, 그가 독백적 방식으로 철학함을 이끌어갔다는 것에 한계가 있었다고 말할 수 있다.

우리가 사용하는 언어의 특징은 대화의 성격을 갖는다. 언어는 일차적으로 소통을 위해 존재한다. 나아가 나와 타자를 매개하고 사태에 대한 공통의 인식을 가능하게 하며 서로가 인정할 수 있는 진리를 발견하게 한다. '말'을 뜻하는 그리스어 로고스logos는 이법 혹은 이치를 의미한다. 나의 의식의 구조를 드러내고 인식할 수 있게하는 언어는 이미 대화dialogue의 특성을 갖는다. 그래서 현대의 철학자들은 우리가 독백적인 방식이 아니라 '대화적dialogical'인 방식으로 진리를 추구해야 한다는 깨달음을 가지게 되었다.

인간은 근본적으로 대화적 존재다. 인간의 사유도 의식 중심으로서가 아니라 언어를 중심으로 이해해야 한다. 이런 언어 중심으로의 관점 전환은 현대 철학의 주요 경향이다. 유럽 대륙에서는 마르틴 하이데거, 한스 게오르크 가다머, 나아가 위르겐 하버마스 등의 학자들이 이 전환을 수행한 대표적 철학자들이고, 영국과 미국의 분석적 철학 전체가 이 경향을 보여준다.

대화가 의미 있으려면 대화 상대가 나와 이질적 존재, 나와 다른 존재여야 한다. 나와 생각이 완전히 같은 자와는 대화가 불필요하다고 또 대화 자체가 무의미하게 된다. 그리고 사실 이 세상에는 나와 완전히 똑같이 생각하는 사람은 존재하지도 않는다. 내 주위와 또 이 넓은 세계 속에는 나와 다른 사람들로 넘쳐난다. 대화는 이처럼 나와 다른 사람 사이에서 이루어지는 것이다.

칸트를 따라 사유하고 칸트에게서 많이 배우지만, 우리는 세상을 독백이 아닌 대화하는 태도로 살아가야 한다. 나 홀로 깊이 생각해 도달한 결론이 나의 현실의 삶을 이끌어가게 해서는 안 된다. 이 수업을 통해 칸트에게 배우되, 우리는 여기서 한 발 더 나아가 대화의 태도를 장착하고 자신의 철학의 길을 열어야 한다.

주요 키워드

순수이성비판
Kritik der reinen Vernunft

칸트의 세 개의 비판서 중 첫 번째 책이며, 1781년에 초판이 출간되었다. 서양 근대 철학사를 관통한 합리주의와 경험주의 간의 논쟁을 잠정적으로 마무리 지었다고 여겨지며, 이후 철학사에서 인식론, 형이상학, 과학철학, 심리철학 등 무수한 분야에 큰 영향을 끼쳤다. 칸트는 이 책을 통해 형이상학을 학문으로 정립하려 했다. 칸트가 순수이성이라는 단어를 사용한 이유는 다음과 같다. 인간의 지식은 경험과 판단으로 만들어지는데, '경험'은 '후험적'인 것이고 '외부적'인 것이다. 그래서 외부적인 '경험'이라는 요소를 제거하고 그 작용 방식을 논하고자 했다. 다시 말해 순수이성은 실천을 배제하고 고려한 이성을 의미하는 것이다. '비판'이라는 단어는 판단, 분석이라는 의미의 독일어 'Kritik'의 번역이다.

실천이성비판
Kritik der praktischen Vernunft

칸트의 비판서 중 두 번째 책이며, 1788년에 초판이 출간되었다. 칸트는 이 책에서 그의 도덕철학, 즉 인간이 어떻게 실천해야 할 것인가에 대한 대답을 담고 있다.

판단력비판
Kritik der Urteilskraft

칸트의 비판서 중 세 번째 책이며, 1790년에 초판이 출간되었다. 고급 이성 능력 중 하나인 판단력의 사용에 대한 비판이다. 이 책은 본래 자연과 자유 사이에 놓인 커다란 심연을 매개하고자 하는 의도에서 쓰였다. 자연의 영역에는 법칙성을 추구하는 인식 능력으로서의 오성이 대응하고, 자유의 영역에는 궁극적 목적을 추구하는 의욕 능력으로서의 이성이 대응해 그 중간의 예술적 영역에는 합목적성을 추구하는 쾌와 불쾌의 감정으로서의 판단력이 대응한다.

존재론
Ontology

존재 또는 존재의 근본적이고 보편적인 모든 규정을 연구하는 철학의 한 영역이다. 라틴어로는 'ontoligia'라고 하는데, 이것은 그리스어의 'on(존재)'과 'logos(논)'로 이루어진 합성어로 데카르트파의 철학자 요하네스 클라우베르크가 처음으로 사용했다. 이 말에 해당하는 그리스어는 없으나 존재와 존재자의 탐구는 이미 고대 그리스의 철학에서 시작되었다.

인식론
Epistemology

인식의 기원과 본질, 인식 과정의 형식과 방법 등에 관해 연구하는 철학의 한 영역이다. '인식론'이라는 말 자체는 근대의 소산이며 '철학 인식론'이라는 말이 최초로 사용된 것은 1789년 발표된 라인홀트의 『인간의 표상능력 신론의 시도』에서다. 칸트의 인식론은, 인식을 사실의 문제가 아니라 권리의 문제라고 한 점 때문에 '인식비판'의 의미를 갖는다.

도덕철학
Moral Philosophy

도덕의 보편적 원리 및 법칙을 찾는 학문이다. 일반적으로 서양의 전통적, 철학적 윤리학의 주류는 도덕철학에 그 바탕을 둔다. 데카르트에서 비롯된 대륙의 합리론은 이성에 바탕을 두고, 18세기 영국의 모럴리스트는 도덕감각에 의해 각각 그 도덕철학을 구축했다. 칸트는 이것들을 비판적으로 집대성해 형식주의적인 도덕철학을 세웠다.

비판철학
Critical Philosophy

칸트는 독단론이나 회의론에 빠지는 것을 경계했으며, 『순수이성비판』에서 이성의 인식 능력을 규명하는 것이 비판철학의 입장이다. 비판이란 책이나 체계의 비판이 아니라, 일체의 경험에서 독립해 얻어지는 인식에 관한 이성 능력에 대한 비판을 의미한다.

정언명법
Categorical Imperative

칸트 철학에서 행위의 결과에 구애되지 않고 행위 그 자체로 선이 되는 조건을 규정하는 도덕적 명령이다.

주석

1. 이마누엘 칸트, 김석수·김종국 역, 『실천이성비판』, 칸트 전집 6, 한국칸트학회 기획, 한길사, 2019, p.353.
2. 사회학자 김덕영은 칸트의 도시와 묘지를 방문한 여행기를 남겼다. 김덕영, 『사상의 고향을 찾아서』, 도서출판 길, 2015, pp.137-153 참조.
3. 『도덕 형이상학의 정초』, p.71.
4. 『도덕 형이상학의 정초』, p.71.
5. 위의 책, p.72.
6. 위의 책, pp.82-83.
7. 위의 책, p.90.
8. 『실천이성비판』, p.174
9. I. Kant, "Logik, Physischen Geographie", *Pädagigik, Kant's gesammelte Schriften*, hrsg. Königlich Preußischen Akademie der Wissenschaften, Berlin/Leibzig, 1923, Bd. IX, 25. 강영안, 「칸트의 물음: 인간이란 무엇인가?」, 『철학논집』, 서강대학교, 제38권(2014), p.43에서 재인용.
10. 김상봉, 『호모 에티쿠스: 윤리적 인간의 탄생』, 한길사, 1999. p.312.
11. 조너선 글로버, 김선욱 역, 『휴머니티』, 문예출판사, 2008.
12. 슬라보예 지젝, 김선욱 외 역, 『탈이데올로기 시대의 이데올로기: 20세기에 대한 철학적 평가』, 철학과 현실사, 2005, pp.7-8.
13. Michael Geyer and Charles Bright, "World History in a Global Age", *The American Historical Review*, Oct., 1995, Vol. 100, No. 4, pp.1056-1060.
14. 마사 누스바움 외, 오인영 역, 『나라를 사랑한다는 것: 애국주의와 세계시민주의의 한계 논쟁』, 삼인, 2003, pp.28-29.
15. 김상봉, 『호모 에티쿠스: 윤리적 인간의 탄생』, 한길사, 1999, p.111.
16. "World History in a Global Age", pp.1056-1060.
17. 에르네스트 르낭, 신행선 역, 『민족이란 무엇인가』, 책세상 문고 고전의 세계 001, 책세상, 2022, pp.81-83.

18	에이미 추아, 김승진 역, 『정치적 부족주의: 집단 본능은 어떻게 국가의 운명을 좌우하는가』, 부키, 2020, p.18.
19	David Miller, "Book Review, For the Love of Country: And Essay on Patriotism and Nationalism", *American Political Science Review*, vol.90, no.4, 1996, p.886.
20	마사 누스바움 외, 오인영 역, 『나라를 사랑한다는 것: 애국주의와 세계시민주의의 한계 논쟁』, 삼인, 2003, pp.67, 99.
21	Steven Slaughter, "Republican Citizens and Political Responsibility in a Globalizing World", *The State and Cosmopolitan Responsibilities* ed. by Richard Beardsworth et. al., Oxford: Oxford University Press, 2019, p.300.
22	찰스 테일러, 「민주주의가 애국주의를 필요로 하는 까닭」, 마사 누스바움 외, 『나라를 사랑한다는 것: 애국주의와 세계시민주의의 한계 논쟁』, pp.168-169.
23	Hannah Arendt, *On Revolution*, New York: Viking Press, 1963, pp.22-23; 홍원표 역, 『혁명론』, 한길사, 2004, pp.97-98.
24	Ken Reshaur, "Concepts of Solidarity in the Political Theory of Hannah Arendt", *Canadian Journal of Political Science*, 25(4) (1992, 12), pp.724-734.
25	John D. Schaeffer, *Sensus Communis: Vico, Rhetoric, and the Limits of Relativism*, Durham and London: Duke University Press, 1990, pp.42f.
26	콘라드 로렌츠, 송준만 역, 『공격성에 관하여』, 이화여자대학교 출판부, 1986, p.245. 용어와 인용문은 Konrad Lorenz, Marjorie Kerr Wilson (trans.), *On Aggression*, San Diego: A Harvest Book, 1966.
27	콰메 앤서니 아피아, 실천철학연구회 역, 『세계시민주의: 이방인들의 세계를 위한 윤리학』, 바이북스, 2008.

KI신서 13386
칸트 수업

1판 1쇄 인쇄 2025년 10월 17일
1판 1쇄 발행 2025년 10월 29일

지은이 김선욱
펴낸이 김영곤
펴낸곳 ㈜북이십일 21세기북스

인생명강팀장 윤서진 **인생명강팀** 박강민 유현기 황보주향 심세미 이현지
디자인 강경신 디자인
마케팅 이수진 유진선
영업팀 정지은 한충희 장철용 강경남 황성진 김도연 이민재
제작팀 이영민 권경민

출판등록 2000년 5월 6일 제1406-2003-061호
주소 (10881) 경기도 파주시 회동길 201(문발동)
대표전화 031-955-2100 **팩스** 031-955-2151 **이메일** book21@book21.co.kr

(주)북이십일 경계를 허무는 콘텐츠 리더

21세기북스 채널에서 도서 정보와 다양한 영상자료, 이벤트를 만나세요!
페이스북 facebook.com/jiinpill21   포스트 post.naver.com/21c_editors
인스타그램 instagram.com/jiinpill21   홈페이지 www.book21.com
유튜브 youtube.com/book21pub

서울대 가지 않아도 들을 수 있는 **명강**의! 〈서가명강〉
'서가명강'에서는 〈서가명강〉과 〈인생명강〉을 함께 만날 수 있습니다.
유튜브, 네이버, 팟캐스트에서 '서가명강'을 검색해보세요!

ⓒ 김선욱 2025
ISBN 979-11-7357-566-2 04300
     978-89-509-9470-9 (세트)

• 이 책 내용의 일부 또는 전부를 재사용하려면 반드시 (주)북이십일의 동의를 얻어야 합니다.
• 잘못 만들어진 책은 구입하신 서점에서 교환해드립니다.
• 책값은 뒤표지에 있습니다.

대한민국 대표 교수진의 지식 공유 프로젝트

인생명강
내 인생에 지혜를 더하는 시간

사는 게 어렵고 막막할 때 우리는 어디에서 답을 찾아야 할까?
'인생명강'은 전국 대학의 명강의를 엮은 시리즈로,
오늘을 살아갈 지혜와 내일을 꿰뚫어보는 인사이트를 선사한다.
과학·철학·역사·경제·문학 등 다양한 분야의 지식 콘텐츠를 만날 수 있다.

심리

권일용 저 | 『내가 살인자의 마음을 읽는 이유』
권수영 저 | 『관계에도 거리두기가 필요합니다』
한덕현 저 | 『집중력의 배신』

경제

김영익 저 | 『더 찬스 The Chance』
한문도 저 | 『더 크래시 The Crash』
김두얼 저 | 『살면서 한번은 경제학 공부』

과학

김범준 저 │ 『내가 누구인지 뉴턴에게 물었다』
김민형 저 │ 『역사를 품은 수학, 수학을 품은 역사』
장이권 저 │ 『인류 밖에서 찾은 완벽한 리더들』

인문/사회

김학철 저 │ 『허무감에 압도될 때, 지혜문학』
정재훈 저 │ 『0.6의 공포, 사라지는 한국』
조병영 저 │ 『기울어진 문해력』

고전/철학

이진우 저 │ 『개인주의를 권하다』
이욱연 저 │ 『시대를 견디는 힘, 루쉰 인문학』
이시한 저 │ 『아주 개인적인 군주론』